GANGAJI
Der verborgene Schatz

Bei Goldmann ist von Gangaji außerdem lieferbar:
Der Diamant in deiner Tasche (21850)

Gangaji

Der verborgene Schatz

Die Wahrheit hinter deiner Lebensgeschichte

Aus dem Englischen
von Erika Ifang

GOLDMANN

Die amerikanische Originalausgabe erschien 2011 unter dem Titel
»Hidden Treasure. Uncovering the Truth in Your Life Story«,
bei Jeremy P. Tarcher/Penguin, einem Verlag der Penguin Putnam Inc.,
New York.

Verlagsgruppe Random House FSC-DEU-0100
Das für dieses Buch verwendete FSC®-zertifizierte Papier
Super Snowbright liefert Hellefoss AS, Hokksund, Norwegen.

1. Auflage

Deutsche Erstausgabe, Dezember 2011
© 2011 Wilhelm Goldmann Verlag, München,
in der Verlagsgruppe Random House GmbH
© 2011 der Originalausgabe Gangaji
Published by Arrangement with Waterside Productions Inc.,
Cardiff-by-the Sea, CA, USA
Dieses Werk wurde vermittelt durch die Literarische Agentur
Thomas Schlück GmbH, 30827 Garbsen
Umschlaggestaltung: Uno Werbeagentur
Umschlagmotive: Autorenfoto: © Sounds True, Inc.,
Schmuckelemente: FinePic®, München
Lektorat: Gerhard Juckoff
WL · Herstellung: cb
Satz: Fotosatz Amann, Aichstetten
Druck: GGP Media GmbH, Pößneck
Printed in Germany
ISBN 978-3-442-21973-5

www.goldmann-verlag.de

Für meine Tochter Sarah

Inhalt

Einleitung

Mein Lehrer hat mir viele Geschichten erzählt. Manchmal erzählte er von einem Löwen, der als Affe aufwuchs und nur durch die Güte eines anderen Löwen, der ihm seine angeborene Löwenhaftigkeit zeigte, zu seinem wahren Wesen erwachte und brüllte. Ein andermal erzählte er die Geschichte von einem reichen Kaufmann, der für seinen Diamanten ein hervorragendes, absolut sicheres Versteck fand: die Tasche eines Diebes. Oft hat er auch die Geschichte vom »verborgenen Schatz«, die den Kontext dieses Buches bildet, erzählt. In dieser Geschichte merken eine trauernde arme Witwe und ihre Kinder, dass die ganze Zeit, während sie in Not und Elend lebten, ein Schatz unter ihren Füßen verborgen lag.

All diese Geschichten lehren uns, dass wir nicht die sind, die wir zu sein glauben. Wie wir uns selbst definieren, entspricht nicht dem, was wir in Wahrheit sind. Was wir glauben erringen zu müssen, ist schon da, und obwohl wir vielleicht meinen, unser Leben hätte seinen Sinn verloren, ist er doch da, wenn wir nur wissen, wo wir danach suchen müssen.

Dieses Buch will dir helfen, zu erkennen, dass unsere individuellen Geschichten oft auf das hindeuten, was direkt vor unserer Nase liegt, nur dass wir blind dafür sind. Wir haben alle die Fähigkeit zu entdecken, wer wir in Wahrheit sind, wie immer unsere persönliche Geschichte auch sein mag.

Wir können den Schatz, den wir glauben anderswo suchen zu müssen, in unserem eigenen Dasein finden. Und wir können erkennen, dass der wahre, bleibende Sinn unseres Lebens genau hier ist, wo wir stehen, egal, wie sich die Ereignisse unseres Lebens in immer wechselnden Formen abspielen.

Dieses Buch will aufzeigen, wie wir uns mit der Dunkelheit begnügen, während wir doch – ohne dass sich etwas an unserer Geschichte ändert – das Licht entdecken können. Die Wahrheit ist einfach, aber die Möglichkeiten, sie zu verschleiern, sind vielfältig. Wenn wir es schaffen, unser vielfaches persönliches Leiden zu vereinfachen, sind wir der Wahrheit schon ein Stück näher. Wir glauben, auf ganz besondere Weise zu leiden, und tatsächlich mag es gewisse Besonderheiten in unserem Leiden geben, aber im Grunde sind die Leidensmuster immer dieselben. Jeder auf seine Weise sind wir mit Unwissenheit geschlagen. Doch Unwissenheit lässt sich beschreiben, und durch diese Beschreibung kann sie aufgehoben werden.

Du bist eingeladen, deine eigene Geschichte im Kontext von Frieden und Erfüllung zu begreifen, die du als ewigen Teil deines Wesenskerns erkennst. Das Buch will dir dabei helfen, zu sehen, was dieser Erkenntnis im Wege steht – welche »Kleidung« du deinem nackten Wesenskern übergeworfen hast. Dieses Kleid ist aus den Erinnerungen an vergangene Ereignisse gewebt – sowohl der individuellen als auch der kollektiven menschlichen Vergangenheit.

Wenn du den meisten Menschen gleichst, webst du weiter am Tuch für diese Kleidung in der Gegenwart, während du zugleich die zukünftige Handlung deiner Geschichte entwirfst. Wenn du bereit bist, eine Zeitlang mit dem Weben aufzuhören und dich einer tiefen, wahrhaftigen Selbsterforschung zu widmen, kannst du erkennen, was die Geschichten dir verhüllen. Du musst dabei gar nicht über deine Geschichte hinausgehen. Du kannst die Macht, die Schönheit und den Schrecken deiner Geschichte erkennen und gleichzeitig die Notwendigkeit einsehen, diese Geschichte zu durchschauen, um zum Kern vorzudringen.

In der langen Zeit, seit die Menschen ihre Geschichten erzählen, hat es immer wieder großartige Wesen mit Ehrfurcht gebietenden Lebensgeschichten gegeben, in denen der Sieg der Selbstergründung aufleuchtet. Bei diesen bedeutenden Menschen erfüllt uns mit Bewunderung, dass sich ihr Leben irgendwie auf die Entdeckung der erhabenen ewigen Wahrheit ausrichtete und dann diese widerspiegelte. Du bist eingeladen, mit deiner Geschichte einen Beitrag zur universellen Entdeckung der Selbstergründung zu leisten, einzigartig ausgedrückt in dir selbst.

Diese Einladung ist keineswegs so ungeheuerlich, wie es auf den ersten Blick scheinen mag. Selbst die bedeutendsten Heiligen und Selbstverwirklichten hatten oft ziemlich gewöhnliche Lebensgeschichten. Sie erlebten Schmerzen und Misserfolge und kannten Selbstzweifel und Rückschläge ebenso wie wir. Wenn wir bereit sind, zu sehen, was ganz gewöhnlich an ihnen war, können wir eher die Chance ergreifen, auch unser eigenes Leben auf die unaufhörliche, unmittelbare Selbstergründung auszurichten und diese in unserem Leben widerzuspiegeln.

Du wirst in diesem Buch gebeten, tiefer zu blicken, hinter deine Geschichte zu schauen. Wir haben gelernt, uns zu präsentieren, indem wir uns sorgfältig verhüllen, um andere zu täuschen und uns selbst zu schützen. In dem Maße, wie wir unsere innere Freiheit ignorieren, leiden wir, egal wie wir uns präsentieren. Wenn wir die verschiedenen Schichten unserer Geschichte entweder ablösen oder sie durchschauen, stehen wir schließlich nackt da, im stillen Gewahrsein unserer selbst.

Der Gedanke, vor sich selbst nackt dazustehen, kann Angst auslösen. Die meisten Menschen wissen, dass sie zahllose Schwächen haben, und sich vollständig zu entblößen kann heißen, auch davon immer mehr offenzulegen. Wir sind unbewusst sehr geschickt darin geworden, unsere vermeintlichen Fehler mit immer neuen Schichten unserer Geschichte, die wir fortspinnen, zuzudecken. Unsere inneren Bilder und Geschichten bestehen zwar nur aus Vorstellungen und Gedanken, üben jedoch eine große Macht auf uns aus. Obwohl wir wissen, dass sie zumindest teilweise unwahr sind, halten wir in unserer Furcht meist daran fest, dass das, was verhüllt ist, auch verhüllt bleiben sollte.

Wir sind darin geübt, die Fäden unserer vielschichtigen Erzählung in der Hand zu behalten, und tun alles, um die Löcher, die entstehen und die uns das Leben beharrlich enthüllt, wieder zuzustopfen. Das macht unentwegt Arbeit und fordert Tag und Nacht unsere Aufmerksamkeit. Dabei könnten wir im Nu, und sei es auch nur für einen Augenblick, damit aufhören. Wenn wir es leid sind, ständig zu verhüllen, was wir zu sein fürchten, können wir aufhören, es zu verhüllen. Wenn wir wissen wollen, was inmitten dauernder Veränderung unverändert bleibt, können wir aufhören, all unsere Aufmerksamkeit dem zu widmen, was sich verändert. Wenn wir zu einem Leben berufen sind, das all unsere Vorstellungen, all unseren Erfindergeist übersteigt, können wir aufhören, unser Leben ständig neu zu erfinden. An diesem Punkt entdecken wir, dass jeder Gedanke über uns selbst nur ein Faden ist, mit dem wir unsere Geschichte weiterweben, und dass wir diesen Faden einfach loslassen können. In diesem Loslassen finden wir die Kraft, uns selbst hüllenlos zu sehen. Dann kann sich unsere Aufmerksamkeit wieder dem stillen, bewussten Wesenskern zuwenden.

Stilles, bewusstes Gewahrsein ist von Natur aus aller Erscheinungen entblößt, es ist die nackte Gegenwart im Kern aller Erscheinungen. Nur weil wir uns durch die Erscheinungen ablenken lassen – durch die »Kleidung« aus Gedanken, Vorstellungen, Sinneseindrücken und Erinnerungen –, entzieht sich unser Wesenskern unserer Erkenntnis.

Indem wir unsere Lebensgeschichte erforschen, können wir die Schichten der Ablenkung erkennen, die dafür sorgen, dass wir uns in Äußerlichkeiten verstricken. Mit dieser Erkenntnis werden wir wieder Herr unserer Aufmerksamkeit. Dann können wir die Ablenkungen von uns abfallen lassen oder mitten durch sie hindurch bis zum stillen Wesenskern schauen.

Im ersten Teil dieses Buches erzähle ich meine eigene Geschichte und die Geschichte vom verborgenen Schatz, die mein Lehrer H. W. L. Poonja (Papaji) gelegentlich vortrug. Im zweiten Teil werden diese Geschichten demontiert beziehungsweise »entkleidet«. Das dient dem Zweck, dich bei der tieferen Erforschung deiner eigenen Lebensgeschichte zu unterstützen. Um deine Geschichte gründlich zu untersuchen, *demaskierst* du sie. Du schaust in ihr *Innerstes*. Die fortwährende Auflösung meiner und der Lehrgeschichte soll dich in der ständigen Demontage deiner eigenen Geschichte bestärken.

Ist die eigentliche Substanzlosigkeit all dessen, was durch Gedanken gewoben wurde, erkannt, fallen auch die Hüllen. Dann bist du nackt und kannst deinen eigenen Wesenskern sehen, nicht als einen weiteren Gegenstand deines Denkens, sondern als den verborgenen Schatz der Wahrheit deiner selbst. Das stille bewusste Gewahrsein erkennt sich selbst als ewiges Subjekt, ewigen Ursprung – als nackten Kern deiner Geschichte, meiner Geschichte, der Lehrgeschichte und all der unendlichen, unerklärlich vielfältigen menschlichen Geschichten.

In dieser Erkenntnis vollendet sich die Suche eines Lebens nach Erfüllung.

TEIL I

1

Geschichten

Fast mein ganzes Leben lang habe ich mit den Figuren meiner Geschichte – einschließlich meiner selbst – auf Kriegsfuß gestanden. Sie waren nicht gut genug, nicht klug genug oder nicht tiefsinnig genug. An einem bestimmten Punkt in meiner Geschichte war keiner von uns reich genug. An einem anderen Punkt wurde materieller Besitz gering geschätzt, und niemand war arm genug. Nie war es richtig. Es konnte immer nur besser werden. Irgendwann in der Zukunft würde ich meiner Geschichte eine solche Wendung geben können, dass sie meinen neuesten Idealisierungen entspräche, so hoffte ich jedenfalls. Vier Jahrzehnte lang arbeitete ich daran, eine Geschichte zu erfinden, die mich befriedigen würde. Zeiten voll Glück und Frieden kamen und gingen. *Anhaltendes* Glück blieb mir verwehrt.

Es dauerte einige Zeit, bis mir klar wurde, dass ich die anhaltende Erfüllung, nach der ich suchte, nicht durch irgendeine Geschichte erlangen konnte, die ich über mich erzählte. Die Erfüllung, die ich mit meinen vielen Versuchen erstrebte, eine erfolgreiche Geschichte zu erzählen, konnte ich nicht einfangen, weil sie immer frei ist. Noch länger dauerte es, bis mir aufging, dass meine Geschichte auf geheimnisvolle Weise in dem in Erscheinung trat, was bereits erfüllt ist. Es war ein schöner, freudiger Schrecken, zu entdecken, dass Freiheit und Erfüllung nie fehlten, egal, wie auch immer die letzte Version meiner Geschichte lautete. Meine Geschichte spiegelte nur meine individuelle Suche nach dem lebendigen freien Bewusstsein wider, das längst jeder Figur darin innewohnte. Als ich den stillen inneren Kern der Erfüllung all der verschiedenen Versionen meiner selbst – und aller anderen Figuren in meiner Geschichte – entdeckte, fand ich endlich Ruhe. In der offenen Weite dieser Ruhe konnte ich anfangen, mein Leben aus der Fülle zu leben, statt weiter danach zu suchen.

Wir alle sind bei unserer Geburt zwangsläufig durch unsere jeweilige Geschichte definiert, aber wenn wir uns an die Grenzen dieser Definitionen halten, leben wir ein Leben innerer Unfreiheit. Wenn wir die Geschichten erkennen, aus denen wir Definitionen unserer selbst beziehen, kommen wir der Erkenntnis dessen in unserem Innern näher, was sich nicht definieren lässt. Diese Erkenntnis gewährt uns inneren Frieden und bleibende Erfüllung.

Jede Lebensform hat einen Anfang und ein Ende, und dazwischen spannt sich der Bogen einer Lebensgeschichte. Der größte Teil unserer inneren und äußeren Aufmerksamkeit und Kommunikation kreist um die Einzelheiten unserer Selbstdefinition im kollektiven Leben und um die Definition von uns und anderen im individuellen Leben. Andere Lebewesen, Bäume, Blumen, Schmetterlinge, Spinnen, Felsen, Planeten und Sonnensysteme, alle haben sie ihre Geschichte, und die Verbreitung dieser Geschichten ist oft unser größtes Vergnügen, während sie uns unausweichlich auch demütig macht. Wir können uns ganz oder teilweise in allen Geschichten wiederfinden oder uns durch unsere Geschichten voneinander abgrenzen.

Wir entspringen alle lebensspendender Energie, sind so von Lebensenergie durchdrungen und beseelt, dass wir eine eigene Lebensform bilden, und kehren am Ende zum formlosen Leben zurück. Unterwegs erfahren wir große und kleine Dramen, kommen an schicksalhafte Scheidewege und erleben wundersame wie auch schreckliche Überraschungen. Manche Lebensgeschichten enden sehr schnell, andere setzen sich endlos fort. Ungezählte Dramen vollziehen sich innerhalb dieser umfassenderen, unbegreiflichen universellen Geschichte. Geschichten werden gesungen, in heiligen Büchern niedergeschrieben, erinnert und dramatisiert und Generation um Generation zu Rate gezogen. Unsere kollektive kosmische Geschichte ist ein wimmelndes Theater von Lebensformen, die auftreten und wieder verschwinden. Formen werden geboren, durchleben viele Geschichten und sterben wieder. Noch ehe eine Form in Erscheinung tritt, ist das Leben da. Während ihrer Lebenszeit wird jede Form vom Leben beseelt. Auch wenn eine Form gestorben ist, bleibt das Leben da – nur hat es sich aus der Form zurückgezogen. Das Leben ist wahr, und es ist immer da.

Unsere persönliche, individuelle Lebensgeschichte beginnt im Mutterleib. Dort entwickeln wir uns aufgrund von verschiedenen zusammenwirkenden Faktoren gut oder weniger gut. Während das Reifen im Innern des Mutterleibes bei allen Menschen ungefähr gleich abläuft, haben Forschungen gezeigt, dass daneben auch die äußere Umgebung den Fötus stark beeinflussen kann. Die Geschichten, die die Eltern eines Babys gerade durchleben, haben Einfluss auf den sich entwickelnden Fötus. Die Umgebung des Mutterleibes umfasst ein breites Spektrum vom Schlimmsten – Kinder werden in Konzentrationslagern oder Gefängnissen empfangen, sind Frucht einer Vergewaltigung, wachsen in Müttern heran, die in bitterer Armut leben, die drogensüchtig sind, die ihre Alkoholabhängigkeit auf das ungeborene Kind übertragen oder die mental oder physisch krank sind – bis zum Besten: Diese Kinder werden schon vor der Geburt liebevoll und zärtlich gepflegt und entwickeln sich in einer dem körperlichen, geistigen und emotionalen Wohlergehen von Mutter und Kind zuträglichen Atmosphäre. Obgleich die früheste Version der Geschichte eines jeden Lebewesens in starkem Maße von den Genen und der vorgeburtlichen und frühkindlichen Umgebung geprägt ist, besteht für das entstehende Individuum selbst im Mutterleib auf rätselhafte Weise schon die Möglichkeit, sich über das Beste ebenso wie über das Schlimmste hinwegzusetzen.

Wir übernehmen die Grundzüge unserer Geschichte großenteils von unserer Familie und der Gesellschaft, in die wir hineingeboren werden. Aber als intelligente Lebensform besitzen wir auch die angeborene Fähigkeit, vieles von dem, was uns vorbestimmt ist oder was uns im Vorhinein definiert hat, bewusst abzuwerfen. Selbst etwas scheinbar so Festgelegtes wie das Geschlecht ist in seiner Bedeutung kulturellen Einflüssen unterworfen und kann in unserer gegenwärtigen Ära durch die Biomedizin und operative Eingriffe verändert werden. Unsere Definition von uns selbst wird geprägt, demontiert und wieder neu gebildet durch alles, was wir in uns aufnehmen und was wir ablehnen.

Der Lauf eines Menschenlebens schon während eines Tages, deutlich sichtbar aber während eines Jahres, eines Jahrzehnts oder eines Jahrhunderts, besteht aus einer Reihe von Geschichten, von denen einige eine gewisse zentrale Stabilität aufweisen, manche widersprüchlich sind, andere einander ähneln, wieder andere längst vergessen sind. Aber sie alle können entsprechend der neuesten Zustimmung oder Ablehnung manipuliert und umgestaltet werden. Wir haben einen riesigen Schrank mit unserer Grundausstattung an »Kleidern« aus vergangenen Ereignissen, die wir für bestimmte Zwecke und Zeiten umändern, neu kombinieren oder verwerfen. In unseren Zellen gibt es unzählige Geschichten von Liebe und Hass, Krieg und Frieden, von verwirklichten Träumen und bitteren Misserfolgen. Jede davon spielt bewusst oder unbewusst eine Rolle dabei, wie wir uns definieren und kleiden. Jede ist eine Version oder ein Aspekt unserer Lebensgeschichte.

Da die Definitionen, die unsere Geschichten liefern, nur zum Teil beständig sind, kann eine Erforschung der Geschichten – insbesondere ihrer Kernthemen – früh entstandene und anhaltende Ereignismuster enthüllen, die eine bestimmte zentrale Identität begünstigen. Unsere Definition als Individuum ist veränderlich und wird immer an die letzte Version unserer jeweiligen Geschichte oder der Rolle angepasst, die wir darin spielen, aber es ist die zentrale Identität, auf die wir uns beziehen, wenn wir »ich« oder »mein« sagen. Sie ist das, was uns auch dann noch ein Gefühl von Festigkeit gibt, wenn die wechselhaften Winde von Erfolg und Misserfolg durch unsere Gedanken wirbeln.

Während unsere Eltern für uns sorgen, haben sie den

stärksten Einfluss auf die Identität, die wir entwickeln. Sobald wir in die Schule gehen, nehmen wir bereitwillig die Einflüsse von Altersgenossen auf und entwickeln dabei eine mehr sozial geprägte Identität. Mit Einsetzen der Pubertät und ihrer hormonellen Gebote zeigt es sich, dass wir nicht länger die sind, die wir noch wenige Jahre zuvor zu sein glaubten. Im Laufe unserer dynamisch fortschreitenden Individuation verfestigt sich die zentrale Identität anscheinend immer mehr. Die mit unserem Leben als Erwachsene und schließlich als alte Menschen einhergehenden biologischen und kulturellen Geschichten beweisen, dass sich unser individuelles Ich zwar fest anfühlen mag, dass sich die Peripherie jedoch ständig verändert.

Der Wahrheitsgehalt unserer Geschichten ist nicht an überprüfbare inhaltliche Fakten gebunden. Shakespeares Richard III. mag nur zum Teil auf Fakten beruhen, aber die Hauptfigur des Dramas führt uns doch einen Aspekt des menschlichen Charakters sehr deutlich vor Augen. Unsere Erinnerungen mögen vollkommen mit unserem Charakter und der Hauptrichtung unseres Lebens übereinstimmen, ohne viel mit den tatsächlichen Ereignissen zu tun zu haben, die diesen Erinnerungen zugrunde liegen. Erinnerungen werden auf verschiedenste Weise manipuliert: durch die Geschichten anderer, durch Ängste und Wünsche, durch Neurosen oder Psychosen oder auch nur durch kleine Anpassungen, die vorgenommen werden, wenn sich der Blickwinkel erweitert. Im Grunde sind die Ereignisse in unseren Erinnerungen fließend. Sie berühren unsere letzten Versionen von uns selbst nur am Rande, kollidieren mit ihnen oder passen sich ihnen an.

Die Fakten selbst sind nicht einmal wahr, wenn wir unter *wahr* das verstehen, was unverändert bleibt. Das eine Mal spielen die sogenannten Fakten eine zentrale Rolle für uns, das andere Mal sind sie irrelevant. Wir verfahren beliebig mit ihnen. Zu einem bestimmten Zeitpunkt spiegelt unsere Lebenswirklichkeit vielleicht die Wahrheit unseres Lebens wider, aber diese Spiegelung ist immer leicht verzerrt. Die eigentliche Unermesslichkeit des Lebens bleibt von unseren Bemühungen, es zu verdinglichen, unberührt.

Die Erkenntnis, dass nichts von dem, was wir uns ins Gedächtnis zurückrufen können, wirklich der Wahrheit entspricht, ist sowohl demütigend als auch befreiend. Wenn wir uns mit Angehörigen und Freunden oder Feinden treffen und Erinnerungen austauschen, erfahren wir es mitunter als Schock, wie Ereignisse gespeichert oder in Vergessenheit geraten sind. Natürlich halten wir unsere Erinnerungen an ein bestimmtes Ereignis für unumstößlich. Andere halten mit ebensolcher Überzeugung an ihren genau entgegengesetzten Erinnerungen fest. Wir glauben selbst dann noch an unsere mental und emotional objektivierte Form von Ereignissen – unsere Geschichten –, wenn uns faktische Gegenbeweise geliefert werden.

Viele Menschen haben ein qualvolles Leben voll unaufhörlicher Mühen und Leiden. Dann gibt es ebenso viele andere, deren Leben angefüllt ist mit schrecklichen Ereignissen, die jedoch rätselhafterweise nicht darunter leiden. Genauso rätselhaft ist es, dass viele ein Leben in Hülle und Fülle führen und trotzdem furchtbar leiden. Unser Innenleben wird sicherlich durch äußere Fakten beeinflusst, aber es wird nicht von diesen Fakten beherrscht. Die Wahrheit eines Lebens voller Leiden oder voller Leichtigkeit liegt nicht in den *Fakten* dieses Lebens begründet. Bei unserer Selbsterforschung geht es um die Lebenswahrheit. Ereignisse und die Erinnerungen an diese Ereignisse sind die Kleidung, die uns die nackte Wahrheit des Lebens verhüllen können. Die Ereignisse und die Erinnerungen, die sich darum ranken und die eine Lebensgeschichte bilden, können aber auch der Ausgangspunkt für die Enthüllung dieser inneren Wahrheit sein.

Wenn wir die Unzuverlässigkeit von Erinnerungen erkennen, befreien wir uns davon, in der *Erinnerung* nach Definitionen und Beweisen für das zu suchen, was wir sind. Dann werden wir frei, unsere Aufmerksamkeit der Suche nach der unveränderlichen Wahrheit unserer selbst zu widmen, unserem tiefinnersten Leben. Die mentale und emotionale Energie, die wir aufbringen, um innerlich in Gedankendialogen und äußerlich in unserer Selbstdarstellung unsere Geschichte ständig weiterzuspinnen, lässt sich umlenken. Wir können uns darauf konzentrieren, das zu entdecken, was ungeachtet aller endlosen Veränderungen ringsum unverändert bleibt. Wir können unsere Aufmerksamkeit auf die Wahrheit der Lebensfakten richten statt auf deren Definition.

Überschneidungen und Begegnungen der eigenen mit der Geschichte eines anderen Menschen gibt es das ganze Leben lang. Die Geschichte unserer Familie, Sippe oder Rasse, die Geschichte unserer Religiosität oder Nichtreligiosität, die Geschichte unseres Staates und unzählige weitere Geschichten, in denen wir mitwirken, sind allesamt Fäden im Gewebe von Erzählungen. Auch unsere persönliche Geschichte ist solch ein Faden und Teil eines vielfältig zusammengesetzten größeren Gewebes. Die Bedeutung, die der Einfluss anderer auf uns und unser Einfluss auf andere hat, kann nicht genug betont werden.

Es ist für unsere Gattung normal, dass Familien, Völker, Religionen, Kulturen und Subkulturen Wissen durch Geschichtenerzählen weitergeben. In diesem Buch geht es in erster Linie um die mündliche oder schriftliche Sprache, aber weltweit werden Geschichten in Prosa und Lyrik, Musik, Tanz und Kunst jedes Genres überliefert. Sobald wir zu lernen beginnen – und unser Leben lang –, lassen wir uns von Geschichten den Weg weisen. Unsere Geschichten werden wohl oder übel die Bezugspunkte, die definieren, wer wir sind, mit wem wir zusammen sind und was das alles zu bedeuten hat.

Sehr wahrscheinlich sind uns die ersten Geschichten schon in der Wiege gesungen worden. Ich erinnere mich noch heute gern daran, wie mich mein Vater früher zu dem Kinderlied »Hoppe hoppe Reiter« auf seinen Knien reiten ließ, bis er mich an der Stelle »Fällt er in den Sumpf, macht der Reiter plumps« fallen ließ, mich dabei aber weiter an den Händen festhielt. Wir wiederholten dieses Spiel immer wieder, und ich kreischte vor Wonne und Aufregung. Mein Hauptgewinn aus diesem Spiel war wohl, die Liebe zu fühlen, die mein Vater für mich empfand, aber es war auch eine Grundlektion darüber, dass es zwar Abstürze geben kann, dass man dabei jedoch unversehrt bleibt. Es war eine Einführung in die Überraschungen dieser Welt, schonend beigebracht durch die Hand des primären Beschützers.

Auch in den nächsten Jahren unserer Kindheit werden

uns, wenn wir Glück haben, Geschichten vorgelesen. Ein Kindermärchen bewegt sich normalerweise in einem Rahmen, in dem es die Werte und Tabus der Kultur, in der das Kind lebt, lehrt. Um die Aufmerksamkeit des kindlichen Gemüts stärker zu fesseln, ist es meistens spannend und macht Angst, während das Ende meist beruhigend ist. Aschenputtel bekommt den Prinzen, obwohl es vor dem glücklichen Ende darunter leiden muss, nicht erkannt und missverstanden zu werden. Oft sind die Geschichten sogar ziemlich schrecklich. So muss Rotkäppchen seine Lektion von den Gefahren naiver Gutgläubigkeit lernen, auch wenn es am Ende gerettet wird. Die meisten archetypischen Kindermärchen sind so angelegt, dass sie das Kind auf die Gefahren der Welt vorbereiten, und das ist eine edle und notwendige Aufgabe für jede Generation. Es gibt auch sensiblere Kindererzählungen, die die Innenwelt des Kindes ansprechen und von den Geheimnissen des Universums handeln. Sie berücksichtigen die überwältigende Größe der Umwelt eines Kindes und helfen ihm in gewisser Weise bei der Navigation. Auch diese mehr auf das Innere gerichteten Geschichten sind lehrreich und weiterführend, bieten aber zugleich Unterstützung und Trost.

Wenn wir Glück haben, lernen wir lesen und können dann nach und nach selbst entscheiden, welche Geschichten wir in unsere Identität einbauen wollen. Ich selbst habe sehr früh das Lesen für mich entdeckt, und es ist seitdem ein wesentlicher Aspekt meines Lebens geblieben. Die Bücher und Geschichten, die ich gelesen habe, dienten meiner Unterhaltung und haben mir die Flucht vor Aspekten des Lebens ermöglicht, die ich nicht unter Kontrolle hatte. Ich bemühte mich, meinen Lieblingsfiguren – Heidi und später

Nancy Drew, einer jungen Detektivin – nachzueifern und feierte mit ihnen die Überwindung der unvermeidlichen Schicksalsschläge auf ihrem Weg. Die Figuren aus meinen Büchern trugen eine Menge zu meiner Persönlichkeitsbildung bei. Später, bei anspruchsvollerer Lektüre, entdeckte ich Feinheiten und Nuancen an den Charakteren, die meine Erfahrungen mit anderen und mit mir selbst vertieften. Geschichten führten mich in tiefere Wasser. Geschichten prägten mich und halfen mir, mich zu definieren. Sie waren sowohl Trost als auch Herausforderung für mich.

Eine der Lehre dienende Geschichte kann entweder schablonenhaft sein, was im Allgemeinen nicht unbedingt zum Lesen anregt, oder subtil und tiefgreifend. Eine großartige Lehrgeschichte leuchtet dem Geist schon ein, ehe der Verstand ihren Sinn erfasst hat. Während wir noch wie gebannt dem Handlungsablauf folgen, verändert die Handlung längst unmerklich unsere Sicht der Wirklichkeit. Das sind die besten Geschichten, und Geschichten dieser Art werden uns seit Jahrtausenden überliefert. Zu ihnen zählen die heiligen Schriften aller Religionen, die Epen aller Kulturen sowie die Volksmärchen und Kinderreime, die mündlich weitergegeben werden und keine Belesenheit voraussetzen.

Während wir uns in die Geschichten so verschiedener Berühmtheiten wie Christus, Buddha, Harriet Tubman, Odysseus, Wonder Woman, Harry Potter und anderer Helden aller Art vertiefen, verändern sie unseren Gemütszustand und unsere Physiologie. Wenn wir ihren Lebensbogen verfolgen, sehen wir wie in einem Spiegel Segen und Fluch unseres eigenen Lebens. Ihre Lebensgeschichten stärken uns und geben uns lebenswichtige Hinweise auf Gefahren.

Wir können dem Leben Christi nacheifern und einen persönlichen Bezug zu seinem jugendlichen Aufbegehren gegen eine korrupte Autorität finden. Auch wenn wir später erfahren, dass diese Version des Lebens Jesu von einem enthusiastischen Anhänger namens Paulus zu frühchristlichen Propagandazwecken erfunden wurde, inspiriert sie uns trotzdem auf irrationale Weise weiterhin. Es liegt nicht an den *Fakten*, sondern an der Wahrheit der jugendlichen Individuation, dass wir uns diese Geschichte zu eigen machen, denn sie ermutigt uns, das, wovon sich unsere Eltern scheinbar korrumpieren lassen, abzuwerfen und unseren eigenen Weg zu gehen. Wir können emotional den Verrat seines Jüngers Judas nachempfinden und dabei unseren eigenen Verrat und den Verrat anderer an uns beweinen. Wir können seine Kreuzigung mit erleiden, haben wir doch das Empfinden, von der Gesellschaft und unseren Altersgenossen verkannt zu werden. Wir jubeln über seine Auferstehung, macht sie uns doch Mut, zu unseren eigenen Fähigkeiten der Erneuerung und des Neuanfangs zu stehen.

Aus den Geschichten über Buddha und Harriet Tubman erfahren wir, wie ein zuvor behüteter indischer Prinz und eine beherzte amerikanische Sklavin die Kraft fanden, ihre völlig verschiedenen Fesseln abzustreifen und dem Ruf der Freiheit zu folgen. Ihre Lebensgeschichten veranschaulichen höchst individuelle Möglichkeiten für den Dienst an anderen. Buddha weist aus seiner tiefen Erkenntnis heraus auf den Frieden hin, der das Nichtanhaften begleitet. Die schwarze Fluchthelferin Harriet Tubman beweist, dass mit der nötigen Entschlossenheit physische Freiheit erlangt werden und auch anderen dazu verholfen werden kann. Obwohl beide Lebensgeschichten grundlegend verschieden sind, deuten doch beide auf die Kraft und die Erkenntnis hin, die unsere eigene Geschichte für uns bereithält.

Am Beispiel des Odysseus sehen wir, wie leicht auch die besten Intentionen und der festeste Wille von Sirenengesängen aller Art untergraben werden können. Wonder Woman und Harry Potter stehen für die spannende Möglichkeit, das Mysterium des Lebens durch persönliche Macht zu erschließen, und zeigen uns, dass auch wir ungeachtet unserer Fehler und menschlichen Schwächen unsere Begabungen entdecken und im Leben verwirklichen können.

Alle Geschichten offenbaren uns Facetten unserer selbst, die darauf warten, zum Ausdruck zu kommen. Wenn wir davon ausgehen, dass uns unsere persönlichen Helden unsere bevorzugten Identitäten und unsere inneren Möglichkeiten aufzeigen, wird uns auch klar, dass selbst Bösewichter und Nebenfiguren Aspekte unserer selbst darstellen. Manche Geschichten sind unauslöschlich und bleiben Jahrhunderte hindurch erhalten, weil sie uns zeigen, dass wir sowohl weise und gut als auch unwissend und böse sind.

Geschichten sind Inspiration und Mahnung für uns. Wir lernen etwas über unser Verhältnis zur Zeit, wenn uns unsere Mutter oft genug das Märchen *Hans im Glück* vorliest. Die universellen Epen machen uns die große Torheit unserer Eitelkeit und unseres Machtmissbrauchs bewusst. Von Shakespeare, Homer und Faulkner erfahren wir, was Scheitern heißt, was Beharrlichkeit bedeutet und wie die Entscheidung eines Augenblicks einen einzelnen Menschen oder ein ganzes Volk retten oder untergehen lassen kann.

Science-Fiction-Geschichten machen sogar deutlich, dass eine Augenblicksentscheidung alles Leben zugleich bedrohen kann.

Filme, Bücher, Klatsch und Tratsch ebenso wie heilige Schriften geben Geschichten wieder, die uns unterhalten. Geschichten sind Mittel und Beweis für Sprachgewalt. Sie sind das Kronjuwel im Diadem der Sprache. Wir werden ebenso von Geschichten, die wir immer wieder hören, manipuliert wie von Geschichten, die wir immer wieder lesen oder immer wieder erzählen. Meist lassen wir uns von den in unserer Kultur oder Subkultur vorherrschenden Geschichten und deren Definitionen, wer wir in der Gruppe oder als Einzelne sind, in den Bann ziehen. Es kann sein, dass wir die neuesten Begründungen für einen Krieg glauben, dass wir uns in die Notwendigkeit ergeben, noch mehr arbeiten zu müssen und noch weniger dabei zu verdienen, oder dass wir das Ende der Welt für nahe herbeigekommen halten. Oder wir rebellieren gegen diese für die gegenwärtige Kultur typischen Denkmuster. In jedem Fall ist es die kulturell vorherrschende Erzählung, von der die Polarität der Bezugspunkte festgelegt wird. Auch wenn wir die Rolle der Propaganda in unseren Schulen erkennen, versperrt uns doch die Raffinesse der kulturellen Erzählung oft den Blick dafür, wie wir daran mitwirken und darin verstrickt sind.

Während wir die Geschichten unserer Umgebung in uns aufnehmen, sind uns die Struktur und Botschaft der Geschichte, die wir leben, häufig weitgehend unbewusst. Oft benutzen wir die Geschichten unseres kulturellen Erbes der Vergangenheit und Gegenwart gerade dazu, die Geschichte, die durch uns lebt, nicht durchschauen zu müssen. Selbst wenn wir uns bestimmter Erfolge oder Misserfolge bewusst sind, erkennen und durchschauen wir selten, inwiefern unsere Geschichte uns selbst definiert. Wenn unsere Geschichte gerade eine Phase des Misserfolgs durchläuft, akzeptieren wir normalerweise die Definition, dass wir Versager sind. Wenn die Geschichte eine Wendung zum Erfolg nimmt, sehen wir uns als erfolgreich an, auch wenn uns vielleicht manchmal noch unsere frühere Selbstdefinition als Versager heimsucht. Wir mögen uns einreden, dass wir Erfolg haben, und das Scheitern fürchten, aber für gewöhnlich sehen wir gar nicht, dass wir uns nicht von einem bestimmten Handlungsablauf definieren lassen müssen. Wir sind umso weniger frei, je mehr wir solche Definitionen bewusst oder unbewusst hinnehmen.

Wie können wir unser Leben, das auf jeden Fall aus Geschichten besteht, leben, ohne uns von diesen Geschichten definieren zu lassen? Wir können mitten *in* den Geschichten von uns selbst frei sein und frei von allen Definitionen unserer selbst leben. Diese Freiheit beruht auf der Einsicht in das Wesen von Veränderung und Unveränderlichkeit. Normalerweise ist es so, dass wir uns entweder nach Veränderung sehnen oder sie fürchten, und Veränderung ist das Wesen einer jeden Geschichte. Beständige Freiheit und Erfüllung sind nur im Unveränderlichen zu finden. Das Unveränderliche ist die klare, stille Bewusstheit, die immer präsent ist, unabhängig von der Wendung der Ereignisse oder der Kleidermode. Wenn wir die unveränderliche, stille Bewusstheit unbeachtet lassen, lassen wir das unbeachtet, was bereits aller Fesseln ledig ist, was sich allen *Definitionen* von Freiheit entzieht.

Statt uns auf darauf zu konzentrieren und zu behaupten, dass Veränderung uns an der Erkenntnis des Unveränderlichen *hindert*, sollten wir unsere Geschichten und deren wechselnde Ereignisse besser als Katalysatoren nutzen, die uns helfen, den unveränderlichen Urgrund ans Licht zu bringen. Wir beginnen mit Geschichten und den Definitionen, die aus ihnen hervorgehen, und lassen uns durch die unangenehmen Gefühle, die sie oft begleiten, zu echten kritischen Fragen anregen. Echte Fragen lenken unsere Aufmerksamkeit tiefer in unser eigenes Innere, zum Kern hinter allen Geschichten und Definitionen.

Unsere jeweilige Geschichte bringt oft auf rätselhafte und manchmal auch auf unerwünschte Weise genau das zum Ausdruck, womit wir uns auseinandersetzen müssen, wenn wir unsere Lebenserfahrung vertiefen wollen. Wenn wir erkennen, was die Hauptkraft unseres Lebens ausmacht, bekommen wir allmählich einen Blick dafür, dass die gegenwärtige Version unserer Geschichte auch die grundlegende Weisheit beinhaltet, die wir brauchen, um in die nächste Entwicklungsphase einzutreten. Unsere Geschichten geben uns oft schonungslos bestimmte Lektionen auf, an denen wir nicht vorbeikommen. Sobald wir willens sind, bestimmte Aspekte unserer Geschichte nicht länger zu beurteilen, auch wenn unser Urteil legitim ist, haben wir Gelegenheit, auf neue, unerwartete Weise zu lernen. Dann hindern uns keine Definitionen von richtig oder falsch mehr am Lernen, selbst wenn richtig oder falsch wesentliche Elemente der Geschichte gewesen sein mögen.

Einen Schritt zurückzutreten und unsere Geschichte aus einer weiteren Perspektive zu betrachten, kann zumindest dafür sorgen, dass wir uns aus den Verstrickungen mit unserer Geschichte lösen. Ich selber musste an einem gewissen Punkt, als ich meiner eigenen Geschichte überdrüssig wurde, aufhören, meine Geschichte zu erzählen und an sie zu glauben. Ich musste mir endlich einmal eine Pause von mir selbst gönnen! In dieser Pause ging mir auf, was für ein Durcheinander ich durch die Definition meiner selbst und anderer ständig anrichtete. Ich konnte aus meinen Fehlern lernen und von vorn anfangen, aber zuerst musste ich mit dem Weinen aufhören. Das Weinen hört sofort auf, wenn keine Geschichte mehr da ist, die es auslösen könnte.

In dem Augenblick ging mir auf, dass ich integrer und freundlicher leben konnte, vor allem aber lernte ich die Kernlektion, nämlich dass man alle Definitionen dessen, was man weiß, fallen lassen muss, um mit neuen Augen zu sehen.

Die ganze Geschichtsschreibung handelt von Bündnissen und Konflikten zwischen den einzelnen Geschichten. Unsere Menschheitsgeschichte beweist zum einen die Brüchigkeit und zum anderen die Unzuverlässigkeit der Definitionen, mit denen wir leben. Innerhalb nur einer Dekade werden Feinde zu Verbündeten und dann wieder zu Feinden. Reiche explodieren und implodieren, Liebesheiraten lösen sich auf und werden geschieden, Religionen des Friedens werden zur Rechtfertigung von Krieg. Die Geschichte der Menschen weist aber auch auf das hin, was bleibt, trotz aller Torheiten und aller Gräuel, an denen wir mitwirken. Das bewusste, wahrnehmende Leben ist weiterhin da. Ungeachtet aller Konstruktivität und Destruktivität bleibt es in uns und anderen erhalten.

Des Kaisers neue Kleider ist eine passende, lehrreiche Geschichte über die Entdeckung der Nacktheit. In Andersens Märchen schwindeln Weber dem Kaiser vor, das Tuch für seine neuen Gewänder sei so fein, dass nur außerordentlich kluge, taugliche Menschen es überhaupt sehen könnten. Natürlich kann der Kaiser nichts sehen, denn die Kleider existieren ja nicht, aber da er nicht als einer gelten will, dem es an Klugheit und Tauglichkeit mangelt, tut er so, als sähe er sie. Er geht so weit, sich bewundernd darüber auszulassen, wie herrlich sie ihn kleiden werden, und macht Pläne für eine Prozession vor seinen Untertanen. Die Kunde, dass nur die klügsten Köpfe die erlesenen Kleider sehen können, verbreitet sich wie ein Lauffeuer, und als der Kaiser nackt durch die Stadt zieht, loben alle seine prächtigen neuen Gewänder. Nur ein kleines Kind in seiner Unwissenheit und Unschuld wagt es, zu rufen: »Aber er hat ja gar nichts an!« Der Kaiser erschrickt, denn irgendwo in seinem tiefsten Innern weiß er selbst, dass er nackt ist, aber er fasst sich schnell wieder und setzt seine glorreiche Prozession in den prachtvollen, gar nicht existierenden Gewändern fort.

Wenn wir die Geschichten sehen können, die wir weben, und erkennen, dass sie im Grunde substanzlos sind, kommen wir der wahren Unschuld unserer selbst näher. Dann können wir die Trance erkennen, die uns in dem Glauben befangen hält, dass die Geschichte eines Dings auch die Wahrheit dieses Dings ist. Wir erkennen, dass sich selbst die großartigste Geschichte auflöst, und können das schmerzliche Erschrecken zum Anlass nehmen, uns die Wahrheit unserer Nacktheit bewusst zu machen.

In diesem Moment unserer Geschichte besteht für uns

die Möglichkeit, uns die Geschichten, die man uns gelehrt hat, und die Art und Weise, wie sie uns definieren, ebenso bewusst zu machen wie die Geschichten, die wir über andere gehört haben und glauben, ohne daran zu zweifeln. Wir können uns endlich unsere Nacktheit eingestehen und die Verantwortung für die Folgen tragen. Voller Erstaunen stellen wir jetzt fest, dass die Geschichten von zuvor verteufelten Mitmenschen (Feinden) ebenso schön und vielschichtig sind wie unsere eigenen. Wir werden reifer durch die Erkenntnis, dass manche der als Grundpfeiler unserer Kultur geltenden Geschichten fadenscheinig sind, dass sie kaum der Wahrheit entsprechen oder sogar vollkommen falsch sind. Die angeblich wahre Geschichte, durch die sich eine Generation definiert, kann von der nächsten Generation bereits als Lüge entlarvt werden. Geschichten, die den Frieden und die Auflehnung gegen Tyrannei preisen, können sich ins Gegenteil verkehren und Geschichten von der Herrschaft des Terrors werden.

Wir können den Ort der Geschichte in unserem Fleisch und in unseren Emotionen lokalisieren. Aus dieser Erkenntnis wird Wahlfreiheit geboren. Meist haben wir uns entweder dafür entschieden, die vorgegebene Geschichte fortzuführen, oder dafür, dagegen zu rebellieren. Natürlich reizt es uns, zu wissen, dass wir uns für eine andere Geschichte entscheiden können, für eine Geschichte, die wir passender finden. Doch es gibt noch eine andere Wahlmöglichkeit. Wir können uns in einem einzigen Augenblick *von allen Geschichten lösen*. Wir können erfahren, was es bedeutet, niemand mehr zu sein, selbst unserer ursprünglichen Identität entblößt zu sein.

Hinter allen Geschichten können wir jenes tiefen Kerns unserer selbst gewahr sein, der geschichtslos, geschlechtslos und elternlos ist, einfach nur nackt. Dieses Gewahrsein ist unbelastet von Bezügen und hat weder Vergangenheit noch Zukunft. In unserem tiefsten Wesenskern sind wir frei von allen Definitionen. Unbeschwert von unseren Definitionen erfahren wir uns als bewusste Intelligenz, die ihrer selbst als offener, unendlicher Raum gewahr wird. Dieser Augenblick ohne alle Geschichten ist ein Augenblick der Freiheit. Denn auch wenn unsere Geschichten voller Licht und Schönheit sind, sind wir umso weniger frei, je mehr wir uns durch sie definieren.

Nach solchen Augenblicken sind die Geschichten nicht mehr dieselben. Sie können noch da sein, was wahrscheinlich ist, aber ihnen wohnt nicht länger die Macht inne, unsere Wirklichkeit zu definieren. Der innere Reichtum, der uns zur Verfügung steht, wird nicht länger durch bestimmte innere oder äußere Ereignisse vermindert oder vermehrt. Während die Persönlichkeit oder »Kreatürlichkeit« eines jeden Menschen genauso weiterbesteht, wie Geschichten weitergehen, ist die tieferliegende Bewusstheit, das wahre »Ich«, zu sich selbst heimgekehrt.

In diesem Moment erkennen wir, dass wir eine Wahl haben, während wir vorher für unsere Wahlfreiheit blind waren. Erst wenn uns die Geschichten, die für uns erfunden worden sind oder die wir selbst erfinden, nicht mehr blenden, wissen wir die geheimnisvolle Weite zu schätzen, die holografisch in jedem Moment einer jeden Geschichte gegenwärtig ist. Dann entdecken wir in allen Versionen der Geschichten, die wir bis dahin durchlebt oder geglaubt haben, das, was ist und was immer da war. Jeder von uns kann eine beliebige Geschichte aus seiner Vergangenheit nehmen und den Schatz entdecken, der ihm nur durch den felsenfesten Glauben an die eng begrenzten Annahmen der Zeit verborgen war. Dann können die Geschichten als Darstellung des multidimensionalen Lebens, das in allen Lebensformen zum Ausdruck kommt, zutiefst gewürdigt werden.

Woraus besteht der Rahmen oder Kontext deines Lebens? Du weißt zwar nicht, wie deine Geschichte enden wird, aber du kannst hier, an diesem Punkt, herausfinden, worum es in deiner Geschichte geht. Du kannst dich fragen, wie dein innerstes Selbstgefühl in der Struktur und Botschaft deiner Lebensgeschichte zum Ausdruck kommt oder unausgedrückt bleibt.

Wie fügt sich ein bestimmter Erfolg oder Misserfolg in die Gesamtheit deiner Lebensgeschichte ein? Wir neigen dazu, uns auf bestimmte Ereignisse zu konzentrieren und sie hervorzuheben, aber wenn wir sie als Teil eines Kontinuums betrachten, können wir den Verlauf des Bogens erkennen, den unsere Lebensgeschichte beschreibt. Diese Sichtweise bedeutet nicht, dass du versuchen solltest, die Kontrolle über die Geschichte zu übernehmen. Vielmehr soll sie dir helfen, dir die Wahrheit über das einzugestehen, was dich deine Geschichte bisher gelehrt hat. Sie lädt dich ein, dir anzuschauen, wie sich deine Geschichte einfügt in den größeren Kontext dessen, was dir als Mensch heute wichtig ist. Sie lädt dich ein, die Entdeckung zu machen, wie Bewusstheit und Selbsterforschung auf natürliche Weise deine Geschichte erweitern und vertiefen, sodass sie genau das aufzeigt, was du lernen musst. Da uns letztlich sowohl archetypische als auch profane Geschichten etwas lehren, musst du untersuchen, was dich deine Geschichte lehren will. Frage dich, ganz gleich, wo in deiner Geschichte du dich gerade befindest – ob noch am Anfang, in der hoffentlich langen Mitte oder schon dem Ende nahe –, zu welcher größeren Geschichte deine Lebensgeschichte etwas beiträgt.

Allein schon ein klareres Bewusstsein von den Geschichten, die wir leben, einschließlich ihrer unendlich vielen Handlungen und Nebenhandlungen, hilft uns aufzuwachen. Beim Klarträumen nehmen wir uns selbst sowohl innerhalb wie außerhalb des Traumgeschehens wahr. Dem Dämon im Alptraum können wir direkt entgegentreten, und das Fliegen im Traum können wir als ekstatisches Erlebnis genießen. Ebenso wie beim Klarträumen lassen wir uns auch beim »Klarleben« nicht länger von den Geschichten tyrannisieren, die unsere Außen- und Innenwelt bevölkern. Während wir uns in unseren Geschichten mit uns selbst auseinandersetzen, erweitert sich unser Blickwinkel. Dann können wir zurücktreten und unsere persönliche Geschichte als Teil eines größeren Ganzen betrachten.

Was ist deine Geschichte? Du stößt auf deine Geschichte, wenn du darauf achtest, was du dir immer wieder selbst einredest. Achte einmal darauf, was du dir über deine Vergangenheit, deine Gegenwart und deine Zukunft erzählst! Um einen bleibenden Eindruck zu hinterlassen, brauchen unsere Geschichten die dauernde Wiederholung. Alle Geschichten haben einen Handlungsbogen. Dieser Handlungsablauf ist das, was in Gedanken und Bildern ausgesponnen und von Emotionen begleitet wird. Worin besteht dein Handlungsbogen? Das kannst du sofort überprüfen, denn mit Sicherheit ist er dir vertraut. Es ist nur natürlich für das Tier »Mensch« mit seinen hochentwickelten kognitiven Fähigkeiten, einen Handlungsablauf für seine Geschichte zu erfinden und diesem zu folgen. Das ist auch gar nicht falsch, aber es schränkt ein, denn es begrenzt die Aufmerksamkeit auf die ständig wechselnden Ereignisse. Um festzustellen, worauf sich deine Aufmerksamkeit richtet, solltest du erkunden, was du gewohnheitsmäßig dir selbst erzählst. Horch auf deine Geschichte, aber lass den Glauben daran mal beiseite.

Es liegt eine starke, geheimnisvolle Kraft darin, zu wissen, dass das Geschenk deines Lebens möglicherweise eine lehrreiche Geschichte für dich ist. Dieses Buch will dir nicht beibringen, wie du deine Wirklichkeit gestalten kannst. Das tust du bereits mit deiner inneren Geschichte. Vielmehr ist es eine Einladung an dich, dich still und ohne Identifikation den Ereignissen zu überlassen, die in deinem Bewusstsein und außerhalb davon geschehen. In dieser Stille vollzieht sich eine Offenbarung, die du unmöglich bemerken wirst, wenn deine Aufmerksamkeit vom Lärm der Identifikation gefesselt ist. Die Offenbarung verleiht dir keineswegs mehr Macht, damit du eine bessere Geschichte erfinden kannst. Sie geht darüber hinaus. Die Kraft, die du aus einer Offenbarung beziehen kannst, besteht darin, die Ereignisse deines Lebens so zu nehmen, *wie sie sind*, und sie als grundlegenden Bestandteil deines Erwachens wie auch als deinen Beitrag zum Erwachen der ganzen Menschheit zu begreifen.

Es ist eine Kraft, durch die sich die Handlung deiner Geschichte nicht mehr nur *auf dich* beschränkt, sondern *alle* umfasst. Diese Wendung begründet eine tiefe Hingabe und zugleich eine verstärkte Aufmerksamkeit dafür, wie sich alles entfaltet. Paradoxerweise wird dabei die Identifikation mit einem bestimmten Charakter aufgehoben, und stattdessen werden die verschiedenen Aspekte aller Charaktere aufrichtig begrüßt.

In tiefgründigen Erlösungsgeschichten gibt es einen Moment der Hingabe an etwas Höheres, von dem das Dasein beherrscht wird. Das ist nichts Esoterisches. Es ist der konkrete Grund derer, die ein erfülltes Leben leben, was immer man auch darunter versteht. Ob es sich um religiöse, künstlerische, naturwissenschaftliche oder einfach nur persönliche Erfüllung handelt, immer kommt etwas ins Spiel, das mit dem Verstand nicht zu fassen ist. Die Hingabe daran ist eher eine Hingabe an das Gewahrsein des Seins als an die konditionierte Struktur des Denkens. Mit dieser tiefen und aufrichtigen Hingabe verändern Geschichten ihren Blickwinkel. Durch einen solchen Perspektivwechsel bist du nicht länger vor dir selbst verborgen. Du bist nicht mehr an die inneren und äußeren Definitionen gebunden, die dir deine Lebensgeschichte vielleicht anbietet. Alle Geschichten und Definitionen entstehen im stillen Kern, und durch Hingabe werden sie zu Hinweisen auf das, woher sie alle kommen und wohin sie am Ende zurückkehren. Mit Hingabe und durch die Leuchtkraft deines nackten Selbst wird alles transparent.

2

Meine Geschichte

Clarksdale, Mississippi

Mit elf oder zwölf Jahren saß ich oft vor unserem Haus in Mississippi in der Sommerhitze auf dem Bordstein und wartete darauf, dass etwas passierte. Ich glaubte allerdings nicht, dass etwas passieren würde. Ich hatte eher das Gefühl, von einem düsteren Schicksal für ein mir nicht bekanntes Verbrechen bestraft zu werden. Ich saß einfach nur da, haderte mit meinem Schicksal und fand es schrecklich, Opfer meiner Geburt, meiner Familie, meiner Stadt und vor allem meiner eigenen inneren Dunkelheit zu sein.

Äußerlich betrachtet, hatte ich eigentlich nicht viel Grund zur Klage. Meine Familie war zwar vom Alkoholismus zerrüttet, aber mein Vater sorgte gut für uns. Für uns drei Kinder gab es äußerlich kaum Anlass, uns Sorgen zu machen. Wir hatten einen gewissen sozialen Status in unserer kleinen Stadt, und es gab immer genug zu essen. Wir konnten in der Stadt – im Teil der Weißen – überallhin und durften am Ufer des örtlichen Flusses spielen. Es war in vieler Hinsicht ein schönes Leben.

Aber innerlich war ich mit mir zerfallen. Der Weg, der vor mir lag, schien nur noch weiter in diese Hölle hineinzuführen. Ich sah lauter Fehler an mir, fand mich hässlich und hatte das Empfinden, dass es kein Entkommen gab.

Ich überließ mich oft meinem Elend. So oft, dass es mich krank machte, obwohl ich der Sache nie auf den Grund ging. Ich fühlte mich ungeliebt, und ich war es leid, mich ungeliebt zu fühlen. Ich hatte das Gefühl, für andere Luft zu sein, und war es leid, Luft zu sein. Ich wollte Liebe! Ich wollte gesehen werden! Immerhin kam ich irgendwie zu der Erkenntnis, dass ich mich immer ungeliebter und unsichtbarer fühlte, je mehr ich mich in meinem Elend suhlte. Dann traf ich die bewusste Entscheidung, für Liebe und Anerkennung zu sorgen.

Damals, Mitte der 1950er Jahre, gab es eine Menge Ratgeber für junge Mädchen, die sich nach Liebe und Aufmerksamkeit sehnten. Ich fand eine Reihe von Büchern, aus denen ich lernte, was ich tun musste, wie ich Kontakt zu anderen Menschen finden und möglichst gut aussehen konnte. Die las ich jeden Abend mit Feuereifer. Bald lächelte ich meine Mitmenschen an und erinnerte mich an ihre Namen. Es funktionierte! Die Leute lächelten zurück, und schon fühlte ich mich mehr geliebt.

Je mehr gelächelt wurde, umso mehr Liebe empfand ich. Natürlich wurde mein Lächeln nicht immer erwidert, und in diesem Fall litt ich wieder innere Qualen. Doch der Erfolg trieb mich an, und gelegentliche Rückschläge waren eine wirksame Erinnerung daran, wozu eine Niederlage führen würde.

Ich lernte, mir selbst zu gefallen, indem ich anderen gefiel. Ich merkte, dass auch die anderen alle freundliches Entgegenkommen erwarteten, und deshalb strengte ich mich an, freundlich und entgegenkommend zu sein. Es war Schwerarbeit. Immer häufiger litt ich unter Schlafstörungen, und wenn ich doch endlich einschlief, suchten mich Alpträume heim. Ich war körperlich abgewirtschaftet und hatte ständig Angst, irgendeine grässliche Krankheit könnte meine Bemühungen vereiteln, glücklich zu werden. Meine Nerven reagierten auf kleinste Anzeichen von Erfolg oder Misserfolg. Doch die nervliche Erschöpfung war mir egal, Hauptsache, ich war weg vom Bordstein vor unserem Haus. Mochte ich auch noch so stark das Biest spüren, das mir im Nacken saß, zumindest rannte ich vorwärts.

Ich machte mich ziemlich beliebt. Diese Beliebtheit gab mir genügend Sicherheit, um eine authentische Persönlichkeit zu entwickeln. Ich war weit davon entfernt, einfach nur lieb und nett zu sein. Ich war durchaus auch so mutig, anderer Meinung zu sein, wenn ich anderer Meinung war, und ich verstieß in der Schule des Öfteren gegen die Regeln. Ich war oft ausgelassen und ließ es mir gut gehen. Gelegentlich machte mir, wenn mich ein Freund von zu Hause abholte, die Trunkenheit meiner Mutter zu schaffen, aber dadurch ließ ich mir mein Date nicht verderben. Ich hatte gute Freundinnen, und dank ihrer Zuneigung vermisste ich die Liebe meiner Mutter, die ich zu entbehren meinte, gar nicht mehr. Ich erzielte gute Zensuren in der Schule, um meinen Vater zufriedenzustellen, und hatte immer mehr Freude am Lernen. Auch wenn nicht alles Gold war, was glänzte, war es doch eine glanzvolle Zeit für mich. Ohne innere Einsicht und ohne Erleuchtung waren es zwar seichte Freuden, aber dafür eine Menge davon. Ich badete förmlich darin.

Ole Miss

Als ich schließlich das College besuchte, erlebte ich ein böses Erwachen. Die Universität von Mississippi, auch *Ole Miss* genannt, war 1960 noch eine nette Provinzuniversität. 1962 geriet sie durch Studentenproteste gegen die Aufnahme von Afroamerikanern verdientermaßen in Verruf, aber verglichen mit Clarksdale ging es dort weltstädtisch zu. Kaum jemand kannte mich, und ich war nicht hübsch genug, um Aufmerksamkeit zu erregen. Überall waren Leute, die beliebter und intelligenter waren als ich. Ich war in einer guten Studentenverbindung und hatte Freunde, aber ich war nicht mehr der Star. Meine glanzvollen Jahre fanden ein abruptes Ende.

Damals hasste ich diesen Lauf der Dinge, aber heute sehe ich, welch ein Segen es für mich war. Ich machte mir keine Illusionen mehr über meine Fähigkeiten, für mein Glück einstehen zu können. Das war eine schmerzliche, tiefgreifende Desillusionierung. Sie gab mir die Kraft, auf Fragen aufmerksam zu werden, auf die ich nie gekommen wäre, wenn ich weiter Erfolg gehabt hätte. Mir war das damals nicht klar, aber mein Statusverlust ebnete mir den Weg für einige der wesentlichsten Erfahrungen meines Lebens.

Eine Frau aus einem anderen Bundesstaat, die trotz allem zu mir hielt, amüsierte sich über meine Landpomeranzenart, war aber auch entsetzt von der Engstirnigkeit dahinter. Wir führten viele anregende Gespräche, die anders waren als alle, die ich je erlebt hatte. Insbesondere prangerte sie meinen offenkundigen Rassismus und meinen Snobismus sowie meine generelle geistige Enge an. Sie stellte mich einem Geschichtsprofessor vor, der mein Leben veränderte. Sie überredete mich zu einem Kurs in Religion, der auf die geregelten Überzeugungen meiner Kindheit wie ein Erdbeben wirkte. Ich wurde allmählich erwachsen.

Da ich nicht besonders beliebt oder bekannt war, nahm die Pflege meiner Personen viel weniger Zeit in Anspruch. Dadurch blieb mir Zeit, meinen Horizont zu erweitern. Wie sich herausstellte, ging meine rassistische Einstellung nicht sehr tief und verlor sich nach und nach. Ich identifizierte mich jetzt mit einer bekehrten Gruppe von Möchtegern-Bohemiens, die ich durch meine neue Freundin kennengelernt hatte. Ich genoss die Freiheit der Anonymität und empfand meine neue Identität als derjenigen überlegen, deren Verlust ich beklagt hatte.

Dann traf ich den, der mir das Herz brach. Ich hatte seinen Avancen anfangs widerstanden, war jedoch in einem Augenblick alkoholisierten Überschwangs darauf eingegangen. Für kurze Zeit war ich glücklich verliebt. Doch bald machte er die nächste Eroberung, und ich blieb mit meinem nach wie vor nicht liebenswerten, hässlichen Selbst sitzen. Das war die nächste Stufe auf dem Abstieg zur Hölle, auf den ich mich zu Beginn meiner Pubertät begeben hatte. Ich sah ein, dass mich die Fortschritte, die ich gemacht hatte, ob sozial oder intellektuell, nicht vor dem Abgrund meines geheimen Selbst bewahren konnten. Meine Schlafstörungen kehrten zurück; ich strengte mich wieder an, anderen zu gefallen, und suchte nach einer sicheren Möglichkeit, mein Leben in die richtigen Bahnen zu lenken.

Für eine Achtzehnjährige, die von den Konventionen des

amerikanischen Südens Anfang der 1960er Jahre geprägt war, bedeutete eine »gute Partie« Sicherheit. Das hatte ich im Hinterkopf, als ich einen wunderbaren klugen jungen Mann kennenlernte, der Medizin studierte. Binnen eines Jahres verliebten wir uns ineinander und tauschten Ansteckenadeln als Zeichen unserer Verbundenheit aus. Unsere Beziehung war sehr tief, und ich war sicher, dass er mich erretten würde. Das Leben wurde einfacher. Als er *Ole Miss* verließ und zur medizinischen Hochschule wechselte, konzentrierte ich mich mit allem Elan auf meine Studien. Meine Liebe zum Lernen wuchs immer mehr, und ich war rundum zufrieden – außer dass mich manchmal mitten in der Nacht Gefühle von tiefer Traurigkeit und Verzweiflung überkamen. Zum Glück stand neben meinem Bett immer ein Fläschchen mit Tabletten, die mir verschrieben worden waren, als ich erst sechs Jahre alt war. In diesem Alter hatte ich schreckliche außerkörperliche Erfahrungen gemacht. Die damals probate Behandlung bei solchen Erscheinungen war die Verabreichung des Mittels Phenobarbital. Ich brauchte nur eine dieser Tabletten einzunehmen, und dann wurde ich gottlob nicht mehr von meinen Dämonen heimgesucht. Von meinem sechsten Lebensjahr an bis Ende zwanzig nahm ich diese Pillen periodisch ein.

Vom jetzigen Zeitpunkt meines Lebens aus betrachtet, verurteile ich die Einnahme dieser Tabletten nicht einmal. Sie halfen mir, als mir keine andere Hilfe zur Verfügung stand. Arzneimittel aller Art haben ihre Berechtigung.

Memphis

Nachdem ich das College abgeschlossen und mein Graduiertenstudium nach einem weiteren Jahr beendet hatte, feierte ich mit allem Pomp, zu dem die Verbindung mit einem Mann von großen Vorzügen und hohem gesellschaftlichem Rang berechtigt, Hochzeit und richtete mich in einem Leben als Frau eines werdenden Arztes ein. Ich unterrichtete Englisch und Geschichte an einer Highschool. Ich bohnerte die Fußböden unserer hübschen, bescheidenen Wohnung und bügelte ihm sogar seine T-Shirts, und die ganze Zeit über wartete ich auf den richtigen Zeitpunkt für ein Kind. Ein Kind würde mir in meinem Sicherheitsstreben bestimmt Erfüllung bringen. Das Eheleben war neu für mich, und ich hegte hochgeschraubte Erwartungen, dass ich es erfolgreich bewältigen und schließlich doch noch glücklich werden würde.

Märchen werden nicht wahr, zumindest nicht so, wie wir uns das vorstellen. In meiner Naivität glaubte ich allerdings fest daran, dass ich nur die richtigen Zutaten zusammenrühren musste, um ein wirklich glückliches Leben zu führen. Genau das tat ich. Ich hatte einen guten Ehemann, alle Kraft der Jugend, und schließlich bekam ich auch ein hübsches Töchterchen. Die kleine Tochter war die erste Schockwelle, die diesen Traum von Vollkommenheit erschütterte. Sie war ein echter Mensch und nicht bloß eine Kopie narzisstischer Versionen meiner selbst. Ihre Bedürfnisse kollidierten mit meinen Bedürfnissen. Sie bestätigte mich in meiner latent vorhandenen Überzeugung, nicht gut genug zu sein. Ich versagte als Mutter. Ich stellte mir vor, dass sie mich durchschaute und in mir die Betrügerin erkannte, die ich war. Mein Schutzwall gegen die Wirklichkeit des Lebens bekam einen dicken Riss. Als mein Traum von der »perfekten Mutter« durch meine eigene Inkompetenz in die Brüche ging, wurden auch andere Bereiche meines Traumlebens aufgedeckt. Die anfängliche Leidenschaft der Jugend, die ich für meinen Mann empfunden hatte, wich, und ich fing an, sie nur noch vorzutäuschen.

Ich täuschte so gut, dass ich bald völlig ausgelaugt war und der Hypochondrie anheimfiel. Einmal bestand ich sogar darauf, wegen eines gewöhnlichen grippalen Infekts von meinem Mann ins Krankenhaus gebracht zu werden, um die Sicherheit eines Krankenhausbettes genießen zu können und keine Eigenverantwortung mehr tragen zu müssen. Was für ein Schlamassel! Dieses Mal war mir ziemlich klar, dass allein ich an allem schuld war. Meine Tochter war ein fröhliches, aufgewecktes Kind, und ich liebte sie. Mein Mann war glücklich und zufrieden mit seiner Arbeit und dem Familienleben, und ich achtete und schätzte ihn sehr. Ich war ein Häufchen Elend, und das konnte ich niemand anderem in die Schuhe schieben.

San Francisco

Am Ende wurde der Zustand unerträglich. Als meine Tochter vier war und wir nach San Francisco umgezogen waren, erzählte ich meinem Mann von meinem Elend. Er war zu Recht schockiert. Er hatte in seiner Unschuld geglaubt, alles sei in bester Ordnung. Wir hatten uns, wie alle Ehepaare, ab und zu gestritten, aber dass ich mich scheiden lassen wollte, traf ihn wie ein Schlag. Ich hatte nur noch den Wunsch, zu fliehen, und war zutiefst erleichtert, dass ich ihm und mir selber endlich die Wahrheit hatte sagen können. Sofort war ich meiner Tochter eine bessere, angenehmere Mutter und meinem zukünftigen Exmann eine bessere Freundin. Ich hörte auf, mit einer Lebenslüge zu leben.

Eine neue Lebensfreude überkam mich. Ich machte Schluss mit dem Versuch, so zu leben, wie man mir geraten hatte. Ich fühlte mich wie neugeboren. Wiedergeboren 1972 in San Francisco! Überall war neues Leben. Alte Lebensweisen mit überholten Regeln und alte Vorstellungen von Glück wurden einfach abgelegt wie alte Kleider. Ich war frei, mit Leuten zusammen zu sein, die anders waren als alle, die ich je gekannt hatte. Da es lange Wartelisten für arbeitswillige Lehrer gab, nahm ich zunächst eine Stelle als Getränkekellnerin an, die mir sehr gefiel. Für meine Tochter fand ich einen Platz in einer Kindergartenkooperative in North Beach; die Eltern der anderen Kinder dort lebten so, wie ich es mir damals auf dem Bordstein in Mississippi nie hätte träumen lassen.

Wir rauchten Marihuana und nahmen Meskalin und LSD. Wir nannten uns »Bruder« und »Schwester« und glaubten daran. Die spirituelle Welt hatte mehr Bedeutung und Substanz als die sogenannte reale Welt. Was für eine Zeit! Ich bekam einen Vorgeschmack von Freiheit. Ich machte Erfahrungen mit Dimensionen, die außerhalb meines früheren, dürftigen Lebens lagen. Ich meditierte, rezitierte Sutren und besuchte exotische Gurus. Es war wie ein herrlicher Rausch. Ich hätte es für nichts auf der

Welt missen mögen, und doch erwies es sich nur allzu bald als unwirksame Waffe gegen meinen alten Feind, den Selbsthass.

Nach einigen Jahren und vielen Erfahrungen ging mir auf, dass ich immer noch einsam war. Ich wartete noch immer auf etwas, das ich nicht benennen konnte. Ich hatte viele Liebhaber gehabt, nachdem meine monogame, monotone Ehe hinter mir lag. Jetzt fühlte ich mich leer und sehnte mich nach einer festen, echten Beziehung. Wieder einmal war mein Fluchtversuch gescheitert. Wieder einmal wurde ich auf mich selbst zurückgeworfen.

Bolinas

Mein Exmann besaß ein Haus in Bolinas, in dem unsere Tochter wohnte und wo ich ein paar Tage pro Woche zu verleben pflegte. Es war ein einfaches Haus, aber Bolinas war überwältigend in seiner natürlichen Schönheit. Das Haus stand auf den Klippen hoch über dem Pazifik, und von dort war es nur ein kurzer Weg in den Ort und zum Strand. Damals lebten überwiegend Hippies und Rancher in Bolinas. Der natürlichen Schönheit des Ortes entsprachen die Begeisterung und die Überzeugung der Bewohner, im Glück zu leben. Glück, an einem solchen Ort und unter so vielseitigen, talentierten Leuten zu sein. Es wurde getrommelt, getanzt und gefeiert. Es gab Lesungen von berühmten, bald berühmten und fast berühmten Dichtern und Schriftstellern. Es gab Kurse im Kräutersammeln und gesunden Leben sowie einen Arzt und einen Zahnarzt, die beide alternative Heilmethoden anboten. Bolinas war ein

Ort, an dem man wachsen und experimentieren konnte – der perfekte Ort für mich in dieser neuen Phase meiner Desillusionierung.

Meine Tochter besuchte eine alternative kindgerechte Schule und besaß ein wunderbar schrulliges Shetlandpony. Wenn ich bei ihr in Bolinas war, machte ich Fotos, die dann in den Fotografiekursen, die ich in San Francisco belegte, besprochen wurden. Es gab jede Menge Porträtfotos von meiner Tochter und mir. Wenn ich sie jetzt betrachte, sehe ich, wie gegensätzlich wir sind. Neben einem heranwachsenden, hübschen, lebhaften Kind sehe ich eine einsame Frau, die sich ihrer sichtbaren Verzweiflung kaum bewusst war.

Bewusst war mir aber, dass mir ein Partner fehlte, und ich begann vom Lebensgefährten zu träumen. Dieses Mal musste es genau der Richtige sein, der mich von einem Leben in Einsamkeit erlösen würde. Als ich mich fragte, welche Wünsche ich eigentlich diesbezüglich hatte, stand mir ein großer, nordischer Typ Mann vor Augen. Mehrmals am Tag stellte ich mir meine neue Familie bildlich vor: meine Tochter, meinen neuen Mann und ein neues Baby. Ich merkte gar nicht, dass ich in mein altes Muster zurückfiel und mich genauso wie früher nach Rettung sehnte. Mir selbst kam ich dieses Mal ganz anders vor, weil ich mich durch die vielen extremen Erfahrungen verändert zu haben glaubte. Ich sah weder so aus noch fühlte ich mich so wie früher, außer tief in der Nacht, wenn mich die dunkle, hässliche Schwermut überkam.

Eli trat völlig unerwartet in mein Leben. Er entsprach überhaupt nicht meinen Vorstellungen von einem perfekten Partner. Er war jünger und wilder als ich. Er war ein eher südländischer als nordischer Typ. Er war weder an einer Ehe noch an einer festen Beziehung interessiert. Außerdem war er eine sehr extreme Persönlichkeit und bot mir absolut keine Sicherheit. Ich verliebte mich bis über beide Ohren in ihn. Ich hatte das Gefühl, mich für Bereiche zu öffnen, die unwiderstehlich auf mich wirkten. Er war eine unbekannte Kraft für mich, die mein Vorstellungsvermögen weit überstieg, und ich unterwarf mich der Liebe, die ich empfand.

Für Eli hatten Wahrheit und Freiheit vor allem anderen Vorrang. Wenn er mehr als nur ein flüchtiges Interesse an mir haben sollte, mussten diese Werte auch mir wichtig sein. Ich hatte zwar die Worte »Erleuchtung«, »Frieden« und »Wahrheit« im Munde geführt, aber im Grunde waren sie nur der sprachliche Ausdruck meines Lebensstils gewesen. Ich fand den Erleuchtungsgedanken gut, und ich bemühte mich, trotz meiner Schlechtigkeit, von der ich innerlich überzeugt war, ein guter Mensch zu sein; aber ich hatte ebenso wenig Ahnung von Disziplin und Übung wie davon, was nötig war, um die Ansprüche des Ego zu erkennen. Ich hatte kurz vorher angefangen, zweimal täglich für zwanzig Minuten zu meditieren, aber es ging mir nicht gut dabei. Ich benutzte einen Timer, schaute jedoch während meiner »Meditation« immer wieder nach, ob er nicht kaputt war. Wie sich zwanzig Minuten doch dehnen konnten!

Ich wurde Elis Schülerin und Geliebte. Er lernte Tai-Chi, also lernte auch ich Tai-Chi. Er las Laotse, also las auch ich Laotse. Marihuana wurde unser heiliges Sakrament, wir rauchten es, um unsere Herzen zu öffnen und unser Bewusstsein zu erweitern. Bevor ich Eli kennengelernt hatte, war Marihuana immer eine Rauschdroge wie Wein, ein weiteres Genussmittel, für mich gewesen. Jetzt saßen wir stundenlang schweigend beieinander oder führten tiefgründige Gespräche über die Möglichkeit, frei von persönlichen Begierden zu sein und allen Menschen zu dienen. Wir bereiteten tolle Mahlzeiten zu und, was herrlich war, wir lachten und lachten.

Die Jahre vergingen. Als meine Tochter 13 Jahre alt war, zog sie ganz nach Berkeley zu ihrem Vater und seiner neuen Frau. Daraufhin zogen Eli und ich nach Mill Valley, und damit gingen unsere ungebundenen, verzauberten Tage in Bolinas zu Ende.

Mill Valley

Die Zeit war reif für eine Rückkehr zur normalen Welt. Ich war mittlerweile eine erfolgreiche Akupunkteurin, und Eli hatte vor, eine Praxis für Neurolinguistik aufzumachen. Mit unseren wunderbaren, aber anstrengenden tibetisch-buddhistischen Übungen hatten wir aufgehört und uns wieder in den kalifornisch geprägten Mainstream eingegliedert. Ich war glücklich. Eli und ich hatten zwar bisweilen noch immer tiefgreifende und schwerwiegende Differenzen, aber unsere Partnerschaft war lebendig, leidenschaftlich und kameradschaftlich. Meine Tochter war in der neuen Umgebung aufgeblüht, und wir besuchten uns an den Wochenenden gegenseitig. Zu meiner Überraschung merkte ich, dass mir dieser Grad des Glücks nicht reichte.

Das Ziel, das ich mein Leben lang im Auge behalten

hatte – vollkommen glücklich zu leben –, befriedigte mich nicht mehr. Trotz allem Glück und Erfolg blieb ein tiefes Sehnen. Es war anders als meine alten Hilfeschreie nach einem Mann oder einem Ausweg; die neue Sehnsucht ließ sich nicht in Worte fassen. Es gab kein Objekt, woran sie sich festmachen ließ, aber sie erfüllte mich bis ins Mark. Wenn ich mich viel beschäftigte, konnte ich sie für gewöhnlich unter die Bewusstseinsschwelle drücken, und auch auf Reisen nach Hawaii wurde sie schwächer.

Maui

Nach sieben Jahren gutem Leben in Mill Valley zogen wir nach Hawaii auf die Insel Maui. Wir hatten zwar weiter spirituelle Ziele verfolgt und an Meditationsretreats teilgenommen, die Schriften lebender und toter Meister gelesen und die Kraft des Enneagramms entdeckt, aber wir waren durch die Anforderungen unseres materialistischen Lebensstils ausgelaugt. Auf Maui hatten wir uns immer wunderbar entspannen können, und wir glaubten, mit einem Umzug dorthin unserem innersten Streben nach Frieden und Wahrheit gerecht zu werden. 13 Jahre, nachdem wir zusammengezogen waren, und ein Jahr nach unserem Umzug nach Maui begruben wir unsere gravierenden Meinungsverschiedenheiten zum Thema Monogamie und heirateten. Nach einem weiteren Jahr folgte Eli einem inneren Ruf, nach Osten zu reisen und dort einen wahren Lehrer zu suchen. Während er fort war, ließ ich es zu, dass mein tiefes Sehnen an die Oberfläche kam, und mir wurde klar, dass ich mich danach sehnte, frei von mir selbst – oder dem, was ich dafür hielt – zu sein. Ich sehnte mich danach, von der permanenten Beschäftigung mit mir selbst loszukommen.

Eine Reihe wundersamer Ereignisse in Indien brachte Eli an die Tür und vor die Füße von Sri H. W. L. Poonja, liebevoll Papaji genannt. Er schrieb mir Briefe, aus denen Glückseligkeit und tiefe Erkenntnis sprachen, und dann kehrte er zu mir zurück, um mich abzuholen und zu diesem lebenden Meister mitzunehmen. Die Begegnung mit dem Meister setzte meiner Lebensgeschichte, so wie ich sie kannte und gelebt hatte, ein Ende. Sie stillte, wie sich zeigte, endlich meine Sehnsucht. Nach Papaji sollte nichts je wieder so sein wie vorher.

Haridwar/Lucknow

Ich hatte nie den Wunsch gehabt, nach Indien zu fahren, und tiefe Vorurteile gegen die Guruszene gehegt, wie ich sie in den 1970er und 1980er Jahren in den USA erlebt hatte. In meiner Vorstellung konnte die Antwort auf meine mysteriöse Sehnsucht nur in der ästhetischen Umgebung eines Zentempels oder der makellosen Schönheit von Maui beheimatet sein. Doch bevor Eli auf die Suche ging, war uns beiden klar geworden, dass wir für unsere spirituelle Erfüllung einen echten Lehrer brauchten. Wir wussten, dass wir inzwischen alles getan hatten, was man allein tun kann. Wir hatten um einen wahren Lehrer gebetet, und diesen wahren Lehrer sah ich bei meiner ersten Begegnung mit Papaji in Indien.

Mit seinen Augen, seinem Lächeln und der unglaublichen Art, wie er mich willkommen hieß, umfing er mich so, dass ich es bis in jede Zelle spürte. Ich war mir sofort sicher, dass ich genau da war, wo ich das entdecken konnte, was ich entdecken musste. Als er mich fragte, wofür ich gekommen sei, antwortete ich: »Freiheit.«

Er erwiderte: »Gut. Du bist am richtigen Ort. Tu jetzt gar nichts; sei einfach still.«

Am nächsten Tag gingen Eli und ich sowie vier oder fünf von Papajis Anhängern aus Frankreich zu ihm. Ich hörte genau zu, als verschiedene Fragen gestellt wurden. Er beantwortete sie alle entsprechend dem jeweiligen Fragesteller, und seine Antworten lenkten die Aufmerksamkeit beharrlich und nachdrücklich weg vom inneren Dialog und in den grenzenlosen Raum zurück, in dem alle inneren Dialoge ihren Ursprung haben.

Das Zimmer war warm und stickig durch die hohe Luftfeuchtigkeit, und trotzdem fühlte ich mich ermutigt und friedvoll. Von der Straße direkt unter uns drangen seltsame Geräusche und Gerüche zu uns, aber der Raum war erfüllt von einem Leuchten. Ich entspannte mich körperlich immer mehr, und nach etwa einer Stunde stellte ich meine Frage: »Was muss ich tun, um frei zu werden?«

Er antwortete: »Innehalten. Mit allem innehalten. Dann wirst du erkennen, dass du die Freiheit bist, die du immer gesucht hast.«

Das verblüffte mich. Es musste doch eine esoterische Übung geben, die ich machen konnte. Etwas, womit ich mein Ego loswerden konnte! Eine mystische Beschwörungsformel! Irgendetwas! Nie hätte ich mit »Innehalten« gerechnet. Als ich diese Belehrung in den nächsten Tagen in mein Bewusstsein einsickern ließ, überkamen mich die verschiedensten Emotionen, vor allem Angst. Doch wenn ich mich dieser Angst nicht überließ, löste sie sich auf. Dann trat an ihre Stelle eine sanfte Weite – besser kann ich es nicht beschreiben. Manchmal stellten sich auch Emotionen und Gefühle ein, die mir vertraut waren, die ich aber nicht gut einordnen konnte. Wenn ich mich mental mit ihnen auseinandersetzte oder ihnen eine Bedeutung beimaß, zogen sie weitere Gedanken und Ängste nach sich. Hielt ich hingegen inne, stoppten die Gedanken, und die Gefühle zogen weiter oder verschwanden ganz.

Eines Tages fragte Papaji mich: »Wer bist du?«, und einen Augenblick lang war ich mir vollkommen sicher, dass ich die Weite war, aus der Gedanken und Emotionen entspringen; die gleiche Weite, die erhalten blieb, wenn Gedanken und Emotionen verschwanden. Der Augenblick vollkommener Gewissheit verging, als mir der Gedanke kam: »Das ist es! Jetzt habe ich's!«

Doch die Lösung von der Identifikation mit Gedanken und Emotionen hatte begonnen.

Nach einigen Wochen und vielen Augenblicken voller Schönheit und Gnade, aber auch voller Entsetzen und Pein, war es Zeit, nach Maui zurückzukehren. Papaji hatte mir den Namen »Gangaji« gegeben und mich gebeten, meine Erfahrungen mit allen zu teilen, die Interesse bekundeten. Ich hatte keine Ahnung, wie das gehen sollte, aber er versicherte mir, ich brauchte mir keine Gedanken um etwas zu machen, was sich ganz von selbst einstellen würde.

Nach meiner Heimkehr aus Haridwar schrieb ich ihm mindestens einmal am Tag. Er beantwortete viele meiner Briefe und bestärkte mich auf ergreifende Weise, und immer inspirierte er mich dazu, tiefer zu forschen. Eines

Abends, als ich gerade bei Eli war, der im Esalen-Zentrum eine Gruppe leitete, traf etwas wie ein Donnerschlag mein Bewusstsein. Im selben Augenblick waren alle Zweifel über meine wahre Identität beseitigt. Ich lachte, bis mir die Tränen kamen. Am nächsten Morgen riefen wir Papaji an, aber ich konnte kaum sprechen. Eli schrie dauernd ins Telefon (damals musste man bei Anrufen nach Indien noch schreien): »Sie hat es geschafft! Sie hat es geschafft!«

Die Welt

Ich reiste noch mehrmals nach Indien. Verschiedene Male besuchte ich Papaji in Lucknow, wo sich immer mehr Schüler und Anhänger um ihn scharten. Es war jedes Mal einzigartig zu erleben, wie er mir bestätigte, was ich eingesehen hatte, und es zugleich infrage stellte. Er bat mich, von Tür zu Tür zu gehen und mit den Leuten zu reden, und das habe ich in den vergangenen zwanzig Jahren auch getan. Ohne die Gnade seiner Gegenwart und die Klarheit seiner prüfenden Fragen, scharf wie ein Schwert, würde ich noch immer in den Gefilden des Himmels und der Hölle herumwandern und nach Glück suchen, ohne der tiefen Sehnsucht meines Herzens zu folgen. Er ist mein Guru, ein wahrer Lichtbringer. Alles, was die Einsicht in wahre Erfüllung mir geschenkt hat, verdanke ich ihm.

Seit ich bei Papaji war, ist die Welt meine Heimat geworden. Ich habe viele wundervolle Orte besucht und dort gelebt. Ob ich in Maui, Bali, Thailand, Indien, Australien, Neuseeland, Schottland, Irland, England, Deutschland, in der Schweiz, in Österreich, Ungarn, Spanien, Japan, Mexiko oder in verschiedenen Bundesstaaten meines Heimatlandes USA bin – ja, auch in Clarksdale, Mississippi –, immer bin ich zu Hause. Das Sehnen, das erst so unangenehm und bedrückend war, als es mir bewusst wurde, hat mir die Glückseligkeit des Einfach-Seins offenbart. Als ich aufhörte, vor dem Sehnen davonzulaufen, es zu verdrängen oder ihm eine andere Richtung geben zu wollen, konnte ich mich direkt mit ihm auseinandersetzen und ihm auf den Grund gehen. Das Sehnen war die Sehnsucht nach Auflösung.

Direkte Auseinandersetzung ist direkte Selbsterforschung. Direkte Selbsterforschung enthüllt die Wahrheit. Die Wahrheit ist hier und war schon immer hier. Anfangs erscheint sie vielleicht hässlich und angsterregend, aber in ihrem Kern ist sie lichtvoll und beständig. Sie ist das, was ich bin. Sie ist das, was du bist.

Ehe ich durch Papajis Güte und Führung die Leichtigkeit des Einfach-Seins entdeckte, des Niemand-Bestimmtes-Seins, hatte ich ein privilegiertes Leben auf der Grundlage inneren Leidens geführt. Seit meiner Einsicht in den Urgrund von Frieden und grenzenloser Weite lebe ich ein unbeschreibliches Leben. Ich genieße die gleichen Vorrechte wie alle, die in einer freien Gesellschaft leben, und darüber hinaus das außerordentliche Privileg, mich selbst in jedem Menschen zu erkennen, dem ich begegne. Ich mag nicht immer gleich, was ich da sehe oder fühle, aber indem ich mich auf alles einlasse, was es auch sein mag, komme ich immer mehr hinter das strahlende Geheimnis des Lebens, das von Urbeginn an in allen Formen sich selbst zum Ausdruck bringt.

Jetzt

Es gibt immer noch eine Geschichte hier und jetzt, aber nicht die, die ich einst im Kopf hatte, die ich erhoffte oder fürchtete. Emotionen tauchen auch in dieser Geschichte auf, einige angenehm, einige unangenehm. Ereignisse geschehen in dieser Geschichte, manche erwünscht, manche unerwünscht. Es gibt Lob und Tadel, Ruhe und Verstimmung, Siege und Niederlagen wie in jeder Geschichte. Ich hatte gehofft, dass es eines Tages keine Niederlagen, kein Unglück oder Unbehagen mehr geben würde, und erwartet, in jenem erhabenen Raum, den ich mir vorstellte, ewige Glückseligkeit zu erfahren. Ich entdeckte, dass solche Hoffnungen unnötig sind. Was immer da ist, ganz gleich, was sonst noch da ist, ist für die tiefste Erfüllung mehr als genug. Ich hatte gefürchtet, zum neurotischen Dasein der ewig Unzufriedenen verdammt zu sein. Diese Angst war der ständige Begleiter meiner Hoffnung. Ohne das Bedürfnis nach Hoffnung konnte sich auch die Angst nicht halten.

Welche Emotionen, Ereignisse oder Zustände auch da sein mögen, im Kern gibt es immer die Weite des Seins, in der man alles zulässt, allem begegnet. Die Weite war unvorstellbar für mich, als ich nach Erlösung oder Auswegen suchte. Als ich damit aufhörte, Krieg zu führen, herrschte Frieden. Als ich innehielt, stellte es sich heraus, dass das Elend, unter dem ich seinerzeit in Clarksdale, Mississippi, gelitten hatte, im Grunde immer schon der natürliche Ausdruck meines Ärgers über all die Definitionen war, die dem Selbst auferlegt werden. Ohne das Bedürfnis, mich selbst definieren zu müssen, bin ich frei.

3

Der verborgene Schatz: eine Lehrgeschichte

Beim Lesen oder Anhören von Lehrgeschichten ist es im Allgemeinen ratsam, in jeder Rolle der darin vorkommenden Charaktere einen Aspekt von sich selbst zu sehen. Ähnlich wie im Traum sind wir jede Figur selbst. Und wie im Traum ist alles sowohl wörtlich als auch symbolisch gemeint.

Ein fleißiger, pflichtbewusster Mann lebte mit Frau und Kindern in einem kleinen Dorf. Um vorzusorgen und ihnen auch in der ungewissen Zukunft ein gutes Leben zu ermöglichen, reiste er oft in andere Länder. Er arbeitete schwer, und seine Arbeit war gut bezahlt. Er war in der Lage, die Hälfte seines Einkommens auf die hohe Kante zu legen, und im Laufe vieler Jahre sammelte sich so ein ordentliches Vermögen an.

Der einzige Fehler dieses Mannes war der, dass er seiner Frau in Gelddingen nicht recht traute. Vielleicht wusste er auch nur zu genau, dass sie mit Geld nicht umgehen konnte. Jedenfalls versteckte er seine Ersparnisse an einem geheimen Ort und erwähnte nie, dass es mehr Geld gab als das Haushaltsgeld, das sie bekam und das für ein behagliches Leben ausreichte.

Die Familie war glücklich. Die Kinder gingen auf die besten Schulen der Gegend, und alles sprach dafür, dass aus ihnen verantwortungsvolle, glückliche Erwachsene werden würden. Mann und Frau erlebten zwar die normalen Höhen und Tiefen des Ehelebens, aber sie liebten einander, und sie liebten ihre Kinder. Es herrschte Harmonie in der Familie.

Dann schlug das Schicksal zu. Der Mann kam auf einer seiner langen Geschäftsreisen bei einem außergewöhnlichen Unfall ums Leben. In dem dicht bevölkerten Land, in dem er mit seiner Familie lebte und in dem es oft chaotisch zuging, kam es öfter vor, dass Menschenmassen in unkontrollierter Weise zusammenströmten. Am Unglückstag war der Mann unabsichtlich in einen Mob von religiösen Fanatikern geraten. Irgendwann waren diese Eiferer nicht mehr zu bändigen, die Polizei griff mit aller Härte ein, und in den daraus entstehenden Straßenkämpfen wurden viele Menschen getötet. In einem einzigen schrecklichen Augenblick kam der freundliche, liebevolle Mann, der immer gut für seine Familie gesorgt hatte, ums Leben.

Noch schlimmer wurde die Sache dadurch, dass er keinerlei Ausweispapiere bei sich trug. Was er für einen harmlosen Abendspaziergang in der fremden Stadt gehalten hatte, endete mit seinem Verschwinden aus dieser Geschichte.

Nach einigen Wochen fing seine Familie an, sich Sorgen zu machen. Aus den Wochen wurden Monate und aus den Monaten Jahre. Alles veränderte sich. Da die Frau keine Ahnung hatte, dass ihr Mann einen geheimen Schatz besaß, fehlten ihr die finanziellen Reserven. Ihre eigenen und die Angehörigen ihres Mannes halfen aus, so gut sie es vermochten, aber nach ein paar Jahren ohne das Einkommen des Mannes ging die Familie am Bettelstab. Die Kinder konnten nicht länger auf die teuren Schulen gehen und versuchten mit einfachen, für Kinder geeigneten Arbeiten ein bisschen Geld zu verdienen. Die Mutter verdingte sich anfangs als Wäscherin, aber das erwies sich als abträglich für ihre Gesundheit, und so war sie am Ende darauf angewiesen, sich von den Nachbarn gerade so viel zu erbetteln, wie sie zum Überleben brauchte. Die Familie war durch diese Schicksalswende ins Elend geraten, und die Zukunft sah noch düsterer aus.

Die Kinder verübelten es der Mutter, dass sie so kraftlos war und nicht mehr für sie sorgen konnte. Sie vermissten ihr privilegiertes Leben bitterlich. Die Mutter grollte ihrem Ehemann, dass er sie in dieser Lage zurückgelassen hatte – auch, weil sie nicht sicher wusste, wo er war oder ob er überhaupt noch lebte –, und sie nahm den Kindern übel, dass sie ständig herummäkelten und sich beklagten. Das Leben war die reine Hölle.

Die unglückliche Familie ahnte nichts davon, dass ein früherer Geschäftsfreund des Mannes sich eifrig bemühte, den Namen des Dorfes herauszufinden, wo dessen Angehörige lebten. Er hatte sich zunehmend Sorgen gemacht, als sein äußerst zuverlässiger Geschäftsfreund mehrere ihrer regelmäßigen Termine versäumt hatte. Nach seiner Auffassung konnte der Freund nur todkrank sein, denn wenn er früher einmal erkrankt war, hatte er ihn stets kontaktiert und die gemeinsamen Termine rechtzeitig abgesagt.

Die Suche war keine leichte Aufgabe in diesem großen, von Menschen wimmelnden Land, aber nach einigen Jahren und vielen Nachforschungen stieß er auf den Namen des Dorfes. Er beeilte sich, zu seinem alten Geschäftsfreund zu gelangen. Als er an dessen Haus ankam, hörte er voller Entsetzen, wie lange der Mann schon vermisst wurde. Ihm und der Frau wurde klar, dass etwas Schlimmes passiert sein musste, und sie bekundeten einander ihr Mitgefühl.

Nachdem die Tränen getrocknet waren und sie Tee getrunken hatten, schaute sich der Geschäftsfreund um und nahm mit Bestürzung die bittere Armut zur Kenntnis. Der Frau und den Kindern ging es offensichtlich sehr schlecht. Überdies schienen sie krank zu sein, und es war kaum etwas zu essen im Haus.

»Wie kann das sein?«, fragte er die Frau. »Ihr lieber Mann hat mir oft von dem Geld erzählt, das er für unvorhergesehene Notzeiten beiseitegelegt hat. Das kann doch unmöglich verbraucht sein! Es war ein ziemlich großes Vermögen!«

Die Frau sah ihn an, als hätte er einen schlechten Scherz gemacht. Sie fragte sich, ob er grausam war oder nur dumm. Sie hätte doch ohne Zweifel davon erfahren, wenn irgendwo ein Vermögen zurückgelegt worden wäre! Wie konnte der Geschäftsfreund etwas wissen, von dem sie nichts wusste! Alle Schränke waren eindeutig leer. Die Mutmaßungen des Fremden machten sie so wütend, dass sie ihn aufforderte, das Haus zu verlassen.

Er verabschiedete sich entgeistert. Aber am nächsten Morgen kam er zurück und beteuerte erneut, dass irgendwo ein Vermögen für die Familie versteckt sein müsse. Gedemütigt und wütend warf ihn die Frau, ihrer Sache gewiss, wieder aus dem Haus.

Aber der Geschäftsfreund blieb hartnäckig, denn der Familienvater hatte ihm oft stolz erzählt, wie er für seine Lieben Vorsorge traf, und er wusste, dass er dem Mann hatte vertrauen können.

Die Kinder schauten zu, wie sich ihre Mutter, die sich vom Schicksal verfolgt wähnte, gegen diese Geschichte von Vermögen und Rettung sträubte, die der Fremde erzählte. Tag für Tag spielte sich das gleiche Drama ab. Schließlich sagte das kleinste Kind, ein schwächliches kleines Mädchen, zu dem Fremden: »Zeigst du uns, wo der Schatz ist?«

Das schien eine gute Möglichkeit zu sein, die für die Familie so schmerzliche Belästigung zu beenden, denn wenn der Fremde das Vermögen nicht bald vorweisen konnte, musste er endlich gehen. Zum Erstaunen der ganzen Familie willigte er in den Handel ein. Er wusste zwar nicht, wo das Vermögen verborgen war, aber nach seiner Überzeugung war es vorhanden, und er sah es als seine Pflicht an, es zu finden. Und nach ein paar Tagen fand er es tatsächlich! Er brauchte bloß ein paar ausgetretene Fußbodendielen in der Küche anzuheben, und schon kamen die Ersparnisse eines ganzen Lebens zum Vorschein. Ein neuer, aber angenehmer Schock für die Familie!

Der Fremde blieb nicht einmal mehr über Nacht; er verließ die Familie unbemerkt, als sich alle mit Lachen und Tränen der Freude in den Armen lagen. Sie mussten nicht länger betteln! Sie brauchten sich nicht zu trennen, damit ein Teil der Familie in die Stadt ziehen konnte! Sie hatten wieder genug zu essen und konnten Arzneimittel kaufen! Die Kinder konnten wieder zur Schule gehen, und das Dach konnte endlich repariert werden! Eine glückliche

Zukunft lag wieder vor ihnen! Als sie sich umdrehten, um ihrem Wohltäter zu danken – denn dafür hielten sie ihn, obwohl er sie nur auf etwas aufmerksam gemacht hatte, was immer da gewesen war –, merkten sie, dass er schon weg war. Es tat ihnen leid, dass sie ihm nicht hatten danken können, aber das leichte Bedauern darüber wurde schon bald von ihrer überschäumenden Freude verdrängt.

TEIL II

4
Selbsterforschung:
Die Entdeckung der inneren Nacktheit

Etwas definieren zu können bedeutet, es zu erfassen, ihm eine Bedeutung beizulegen und eine gewisse Kontrolle darüber zu haben, wie man es erfährt. In der Genesis steht, dass Adam allen Tieren einen Namen gab, um sie als verschieden von sich zu erkennen. Sie als verschieden definieren zu können, gab ihm Macht über sie. Etwas zu erforschen heißt, sich ihm zu öffnen, sich mit ihm auseinanderzusetzen und seine Bedeutung – oder Bedeutungslosigkeit – von *innen* her zu erkennen. Etwas zu definieren und etwas zu erforschen sind in vieler Hinsicht gegensätzliche Pole dessen, wie etwas erfahren wird. Obwohl sie sich radikal unterscheiden, ergänzen sie einander auch. Wenn Definitionen aus unmittelbarer, auf Erforschung begründeter Erfahrung entspringen, weisen sie auf etwas Lebendiges hin. Bei einer rein mentalen Definition wird das Definierte lediglich begrifflich erfasst. Eine rein mentale Definition mag zwar als Beschreibung akkurat sein, aber ihr fehlt das Wunderbare und Geheimnisvolle.

Es ist weder praktisch noch nötig, sich in alles zu vertiefen, um dessen Bedeutung zu ergründen. Definitionen sind ein hilfreiches Geschenk all derer, die vor uns hergegangen sind. Aber wenn wir eine Emotion, die wir vielleicht schon vor Jahrzehnten definiert haben, wirklich ergründen wollen, können wir uns nicht länger auf das verlassen, was uns erzählt worden ist. Wir müssen die Emotion in ihrem Innersten erforschen, um sie direkt kennenzulernen. Emotionen, Empfindungen aller Art und das »Ich«-Gefühl müssen von innen her erforscht werden, um zu entdecken, was sie in ihrem Kern *sind*.

Die Selbsterforschung als spirituelle Übung ist im Westen wahrscheinlich am besten bekannt durch die Unterweisungen des indischen Weisen Ramana Maharshi, den Lehrer meines Lehrers H. W. L. Poonja. Ramana Maharshi verwendete die Begriffe *Selbsterforschung* oder *Selbstergründung* auf eine neue, umfassende Weise, um damit den *Grund* und *Stillstand* der Geistestätigkeit zu bezeichnen, nicht nur die Tätigkeit des Nachforschens *im* Geist.

Ramana Maharshi habe ich zum ersten Mal Ende der 1970er Jahre auf einem Foto im Shambhala-Buchladen in Berkeley, Kalifornien, gesehen. Mir fielen seine sanften, durchdringenden Augen auf, und ich warf einen Blick in eins der Bücher über ihn. Ein kurzes Einlesen in seine Lehren genügte, um ihre Wahrheit zu erkennen. Aber ich konnte mir nicht vorstellen, wie sich das, was er anbot und was so einfach klang, mit meinem komplizierten Leben vereinbaren lassen sollte. Es kam mir eher wie eine Lehre oder ein Übungsprogramm für Einsiedler und Mönche vor. Ich hatte auch eine Zeitlang Angst, dass ich, wenn ich seinem Rat wirklich folgen würde, womöglich als haltlose Weltentsagerin enden könnte.

Damals kümmerte ich mich auch noch um meine elfjährige Tochter und fürchtete, ich könnte so selbstgenügsam werden, dass ich keine meiner Pflichten mehr erfüllen würde. Außerdem hatte ich Angst, ich könnte jede Motivation verlieren, mein Verhältnis zu Eli, diesem prickelnden Ereignis in meinem Leben, zu vertiefen. Wir waren damals erst in der Anfangsphase unserer Beziehung, und ich wollte nicht auf die verheißungsvolle Aussicht verzichten, dass sich unsere Leidenschaft und Hingabe weiter entfalteten.

In Wahrheit verfiel ich in meiner auf Angst beruhenden falschen Sicht der Dinge auf Tricks, wie ich Ramana Maharshis Angebot ausschlagen konnte. Es sollte weitere zwölf Jahre und eine erste Begegnung mit meinem Lehrer brauchen, bis ich den Mut fand, seiner Einladung zur Selbsterforschung zu folgen. Meine Ängste beruhten auf Unwissenheit. Im Grunde hatte ich nur Angst vor meiner eigenen Selbstverwirklichung. Ich unterwarf mich dem Diktat meiner Angst und erreichte damit nur, dass das wahre, dauerhafte Glück auf sich warten ließ. Mögen alle Menschen aus meinen Fehlern lernen!

Das Buch mit dem Titel *Wer bin ich?*, vor dem ich floh, ist aus der Niederschrift der ersten Lehrvorträge Ramana Maharshis entstanden und gibt einen wunderbaren Einblick in die Weisheit eines Erleuchteten. Viele sind Ramana Maharshis Rat gefolgt und haben sich die Frage »Wer bin ich?« gestellt, um ihre Aufmerksamkeit der Erfahrung des Selbst zuzuwenden. In der unmittelbaren Erfahrung wird das Selbst als etwas Weites und Erfüllendes erlebt, statt auf den Namen begrenzt zu sein, der es mit einem bestimmten Körper und Geist verbindet. Die Erfahrung ist erstaunlich und befreiend. Doch zur Selbstergründung gehört mehr als nur *eine* Frage, auch wenn diese Frage tiefgreifend ist und die Wahrheit offenbaren kann.

Etwas zu ergründen wird im Allgemeinen als ein tiefes Nachforschen verstanden, und diese Definition passt gut zur Absicht dieses Buches. Es geht jedoch nicht um Informationen, die unsere Selbstergründung zutage fördert, sondern um unmittelbare Erfahrung. Eine rein intellektuelle Selbstergründung bleibt trocken und äußerlich. Wir brauchen die Energie und Neugier eines Detektivs für eine gründliche Nachforschung, aber das Ergebnis dieser umfassenden Recherche wird uns durch unsere *Erfahrung* offenbart statt durch daraus resultierende Definitionen.

Aus der unmittelbaren Erfahrung durch Selbstergründung können sich Informationen im allgemeinen Sinne des Wortes ergeben, müssen aber nicht. Die unmittelbare Erfahrung wird nicht durch irgendwelche Informationen vermittelt, und doch wirkt sie in allen Informationen nach, die sich daraus ergeben. Eine unmittelbare Erfahrung dringt tief, ganz gleich, welche Informationen unterwegs auftauchen. Zum Beispiel löst vielleicht der Gedanke, in die Tiefen unseres Geistes hinabzusteigen, Ängste bei uns aus. Schließlich könnten wir ja da auf alles Mögliche stoßen! Aber wenn wir die unmittelbare Erfahrung höher werten als die Gedanken, können uns solche ängstlichen Überlegungen nicht an der Selbstergründung hindern. Um etwas unmittelbar erfahren zu können, müssen wir erst alle Begriffe hinter uns lassen, die wir uns von diesem Etwas gemacht haben.

Auch wenn wir noch so oft etwas *über* eine Sache gehört haben, lernen wir sie erst durch die unmittelbare eigene Erfahrung richtig kennen. Wir wissen erst, was Hitze, Schmerz und Feuer bedeuten, wenn wir durch Berührung mit dem Feuer die betreffende Erfahrung gemacht haben.

Wir mögen gelernt haben, dass es gut ist, zu lieben, und gottgefällig, Mitgefühl zu zeigen, aber diese Vorstellungen werden nie einen wirklichen Sinn für uns haben, solange sie nicht real werden – durch unmittelbare Erfahrung. Wir wissen nur dann, was ein echter Kuss und eine innige Umarmung sind, wenn wir sie unmittelbar erfahren.

Es mag sein, dass wir uns eine Zeitlang im Küssen und Umarmen üben, ebenso wie wir vielleicht innige Liebe und Mitgefühl an den Tag legen und imitieren, ehe wir sie unmittelbar erleben. Aber durch Imitation oder Nachäffen erinnern wir uns nur daran, was wir tun oder fühlen *sollten*, und stellen uns im Geiste die entsprechende Handlung vor. »Jetzt drücke ich ihm oder ihr meinen Mund auf, jetzt lege ich meine Arme um ihn oder sie ...« Bei der unmittelbaren Erfahrung wird nichts gedacht. Das Denken ist zwar für viele alltägliche Verrichtungen äußerst wichtig – um Anweisungen zu geben oder zu befolgen, sich an einen Termin zu erinnern, die Einkaufsliste zusammenzustellen, schwierige Fragen zu klären und Tausende anderer komplizierter Dinge zu bedenken –, aber die bewusste Hingabe an eine Handlung oder einen Augenblick erfordert die zeitweise Aufhebung allen Denkens.

In Momenten ehrfürchtiger Scheu oder unter Schock hören wir spontan auf zu denken. Normalerweise betreffen unsere schönsten Erinnerungen Augenblicke, in denen wir etwas unmittelbar erfahren haben. Doch selbst wenn unsere Erinnerungen ein bestimmtes Ereignis wiederaufleben lassen, gelingt es uns nicht, dabei die unmittelbare Erfahrung noch einmal zu machen. Das Erinnerungsbild kann emotionale und physische Reaktionen auf das Ereignis auslösen, aber sobald wir der Erinnerung Gedanken und Vorstellungen hinzufügen, ist das Ereignis nicht mehr dasselbe.

Wir können einen Großteil unseres Lebens damit zubringen, uns an angenehme oder unangenehme Ereignisse zu erinnern, und sie dabei hin und her wenden und neu ordnen, um bestimmte emotionale oder physische Empfindungen heraufzubeschwören. Wie viel Glückseligkeit oder Kummer uns eine Erinnerung auch bereitet, sie ist nicht das tatsächliche Ereignis. Am Ende kommen wir in unserem Leben an den Punkt, dass wir voll bewusst leben wollen, statt bloß in Erinnerungen zu schwelgen. Dann genügen uns Erinnerungen nicht mehr, so süß und bestätigend sie auch für uns sein mögen. Um unmittelbar in der Gegenwart zu leben, müssen wir uns von Erinnerungen und den Vorstellungen, die sich daraus ergeben, lösen.

In Augenblicken gesammelter Konzentration und vollkommener geistiger Offenheit ist kein Gedanke da. In Wahrheit halten wir viele Male täglich im Denken inne, aber da unsere konditionierten Bezugspunkte im Denken verankert sind, übersehen wir diese Momente reiner Bewusstheit meistens. Wir »denken« uns von Gedanke zu Gedanke.

Die bewusste Entscheidung, gedankenleer zu sein, ist das Tor zur unmittelbaren Erfahrung. Wenn wir unsere Bezugspunkte zur Wirklichkeit vom Denken abhängig machen, stellen wir nur solche Fragen, die unsere Aufmerksamkeit auf nichts anderes als Analyse, Ursache und Wirkung sowie eine konzeptionelle Auswertung beschränken. Dabei können wir durchaus den Wert und die Kraft des Denkens anerkennen, uns jedoch trotzdem bewusst für die

Macht gedankenfreier, unmittelbarer Erfahrung entscheiden. Aus dieser Erkenntnis heraus können wir bewusst wählen, wann wir unsere Aufmerksamkeit auf das Denken richten und wann wir uns in die gedankenfreie offene Weite des Geistes fallen lassen wollen, und das besonders in emotional aufgeladenen Situationen, in denen wir sonst immer davon ausgegangen sind, keine Wahl zu haben.

Viele Menschen haben Angst vor der Gedankenleere, als sei deren notwendige Folge Dummheit. Verständlicherweise wird die Dummheit gefürchtet. Es ist nicht zu leugnen, dass Dummheit großen Schaden anrichten kann, und das Wort »Gedankenlosigkeit« bezieht sich im Allgemeinen auf dummes, unüberlegtes Handeln. Übersehen wird bei dieser Betrachtungsweise das Leid, das durch Gedanken verursacht wird. Wenn wir ans Denken gefesselt sind, ist unser Geist bereits von dem in Anspruch genommen, was wir gelernt haben, von unseren letzten Einsichten, von Überzeugungen aller Art und von unserer Angst, keinen Gedanken mehr denken zu können.

Der Einladung zu folgen, das zu erforschen, was gegenwärtig ist, setzt voraus, dass wir keine vorgefasste Meinung davon haben, was das ist. Da wir unser Leben lang gelehrt worden sind, uns einen Begriff von dem zu machen, was wir wahrnehmen, und es zu kategorisieren, ist diese Einladung auch eine Herausforderung. Wir sind bereit, auf diese Herausforderung einzugehen, wenn wir erkennen, dass das begriffliche Denken begrenzt ist. Wir sind bereit, wenn wir mehr wollen und wenn uns klar wird, dass wir es nicht in dem finden, was wir schon wissen. Dieses Bereitsein, gepaart mit dem Willen zur Selbsterforschung, ermöglicht uns die Auseinandersetzung mit unserer Angst, die ganz natürlich aufkommt, wenn wir uns nicht länger auf unser Wissen verlassen können. Wenn wir uns nicht mehr auf unser Wissen verlassen können, das die Grundlage unseres Welterlebens und unserer selbst ist, was bleibt dann noch? Wenn wir uns nicht mehr auf die Benennung und Definition bestimmter Emotionen und Geisteszustände verlassen können, was ist dann noch da?

Als intelligenter Spezies ist uns die Motivation durch Neugier bestens vertraut. Sie ist uns angeboren. Unsere angeborene Neugier sorgt dafür, dass unser kindliches Gehirn wächst und die Fähigkeiten entwickelt, die auf uns warten. Je mehr die angeborene Neugier durch die Gesellschaft und den inneren Frieden genährt wird, umso besser entwickelt sie sich auf natürliche Weise. Wird sie hingegen von der Gesellschaft oder der Familie unterdrückt, fehlt es uns an eigenen Anreizen, und wir lassen uns leicht vor den Karren anderer Leute spannen. Nur wenn der Lernprozess höher gewertet wird als der Erfolg, blühen wir als Menschen auf. Wenn Erfolg und das, was er einbringt, höher gewertet werden als der Lernprozess, fürchten wir schließlich das Versagen, und durch diese Angst fangen wir an zu verkümmern.

Nur allzu oft wird unser natürlicher, animalischer Forscher- und Entdeckerdrang so eingeschränkt, dass wir lieber auf Nummer sicher gehen oder die Fehler, die wir zwangsläufig machen, zu vertuschen versuchen. Leider ist das in unterschiedlichem Maße bei den meisten heute lebenden, konventionell erzogenen und ausgebildeten Menschen der Fall. Wir sind dazu erzogen worden, Werkzeug und Hüter der Gesellschaftsinteressen zu sein. Natürlich sind die Interessen der Gesellschaft wichtig. Sie sind letztlich die unseren, denn wir sind soziale Wesen. Aber den wahren Interessen der Gesellschaft ist am besten gedient, wenn wir den Raum und die Freiheit haben, unseren intelligenten Forschungsdrang zu befriedigen.

Während außergewöhnliche Wissenschaftler wie Einstein berichten, dass sie den Durchbruch oft dann erreichten, wenn sie alles Wissen zurückließen wie im Schlaf oder beim Tagträumen, und Künstler aller Genres von der Kreativität als einer Kraft sprechen, die in Gestalt einer Muse oder Gottheit über sie kommt und ihnen auf geheimnisvolle Weise die Hand oder den Körper führt, bleibt unser Innenleben für unsere Selbsterforschung meist tabu. Buddha musste erst Frau und Kind verlassen, um herauszufinden, was ihm in seinem Leben fehlte. Indem er dieses grundlegende familiäre und soziale Tabu brach und sein Leben ganz der Wahrheitsfindung widmete, erlangte er Erleuchtung. Statt seine tiefgreifenden Einsichten als Einladung aufzufassen, das eigene Selbst unmittelbar zu erforschen, übernehmen viele Anhänger Buddhas einfach nur bestimmte Überzeugungen, die von ihm her überliefert worden sind. So ist es meist bei allen Glaubenssystemen, in deren Mittelpunkt eine neue Erkenntnis steht.

Buddha, Christus und alle anderen großen religiösen Gestalten entdeckten und erforschten Neuland, und ihre Entdeckungen weisen auf diese Möglichkeit für uns alle hin. Doch meist werden ihre Erkenntnisse als letzte Offenbarung ausgegeben und sind damit weit davon entfernt, uns bei unserer eigenen Entdeckung des Unbekannten zu unterstützen. Wir klammern uns an die Erkenntnisse und

Offenbarungen bedeutender Menschen, weil sie uns ein tiefes Gefühl der Sicherheit und Zugehörigkeit vermitteln. Indem wir uns in ihre Erhabenheit hüllen, ersparen wir uns den Schrecken unserer eigenen inneren Nacktheit. Unsere Erlöser tun die Arbeit für uns, und allzu oft ist die Folge davon innere Trägheit. Wir rezitieren Katechismen und Mantras und prägen uns die Einsichten der Begründer unserer jeweiligen Religion ein. Vielleicht gibt uns das ein gewisses Maß an Frieden und Wohlgefühl, doch in der Folge versagen wir uns vielleicht auch das Abenteuer unmittelbarer Selbstergründung.

Aber immer hat es beherzte Seelen in allen Religionen und Denkrichtungen gegeben, die der Anziehungskraft des Unbekannten nachgegeben haben und übervoll von guten Neuigkeiten zurückgekehrt sind. Die Zenmeister und Mystiker aller Glaubensrichtungen zeigen Möglichkeiten für uns alle auf. Johannes vom Kreuz ist nur eins von vielen inspirierenden Beispielen. Mit dem Bericht über seine eigene Selbsterforschung übermittelt Johannes, der im 16. Jahrhundert lebte, uns eine zeitlose Botschaft, welche Folgen es hat, wenn aller Glaube zugunsten des unmittelbaren Erlebens aufgegeben wird: »Ich trat in das Nichtwissen ein. Und dort verweilte ich nichtwissend, indem ich über alles Wissen hinausging.«

Das heißt nicht, dass die Selbstergründung alles andere ersetzen sollte. Spirituelle Rituale und Zeremonien sind Nahrung für uns und unsere Gemeinschaften. Beten beruhigt den Geist und nährt uns auf geheimnisvolle Weise im tiefsten Innern. Das kontemplative Gebet kommt der stillen Selbstergründung sehr nahe.

Der Glaube nimmt einen wichtigen Platz bei der Entwicklung des Individuums ein. Wenn wir an das glauben, woran zu glauben wir erzogen worden sind, haben wir die Zeit und den Raum, uns in anderer Hinsicht zu entwickeln. Allerdings genügt es ab irgendeinem Punkt vielen Menschen nicht mehr, einfach nur zu glauben, was sie gelehrt wurden – oder neue Glaubenssätze an die Stelle der alten treten zu lassen. Für diese Leute hat die Selbstergründung einen großen Reiz. Die Selbstergründung kann Gebet, Ritual und Zeremonie auch gut begleiten; sie schließt Gebet und Zeremonie nicht aus, ebenso wenig wie Gebet und Zeremonie die Selbsterforschung ausschließen müssen. Das alles sind legitime spirituelle Praktiken.

Irgendwann im Leben kommt oft ein Punkt – und zwar unabhängig vom Alter –, an dem sich ein gesunder, aufrichtiger Zweifel einstellt. Wir zweifeln an dem, was uns beigebracht wurde, und an dem, woran zu glauben andere uns einreden wollen. Dieser gesunde Zweifel steht in einem vollkommenen Gegensatz zur Sicherheit und Bequemlichkeit fundamentalistischer Gewissheit.

Nur allzu oft findet das tiefe Nachgraben, das dieser gesunde spirituelle Zweifel fordert, wenig Unterstützung. Im Konfirmandenunterricht meiner Episkopalkirche, einer evangelischen Freikirche, den ich zusammen mit anderen lärmenden Zwölfjährigen erhielt, waren die Fragen, die unser Lehrer gerne hörte, kaum von Interesse für uns. Die Fragen, die uns interessierten – »Was genau ist eigentlich der Teufel? Was ist die Hölle?« –, wurden als störend und frech betrachtet. Zwar hatte der Unterricht den Zweck, uns später, als reifere Menschen zu guten Mitgliedern unserer Kirche zu machen, aber für die meisten von uns war er eher der Anfang vom Ende unserer Kirchenzeit. Etwas Wesentliches in uns wurde übergangen. Ich habe schon zahllose Variationen dieser Geschichte von anderen gehört, die das Gefühl hatten, für ihren aufrichtigen Zweifel sei in der eigenen Religion kein Platz.

Manchmal meinen wir, gegen *alles* rebellieren zu müssen, was man uns beibringt, da diejenigen, die etwas »wissen«, die Selbstergründung als wesentlichen Bestandteil der spirituellen Entwicklung nicht zulassen wollen. In unserer Auflehnung wenden wir uns neuen Gegenüberzeugungen zu, und wenn wir es wagen, auch daran zu zweifeln, werden wir erneut als Ketzer gebrandmarkt. Wie viele zum Buddhismus Bekehrte verachten die naiven Christen dafür, dass sie die Bibel wörtlich nehmen, übernehmen jedoch selbst mühelos den buddhistischen Glauben an die Wiedergeburt! Wie viele christliche Fundamentalisten beschimpfen New-Age-Visualisierungen als Teufelswerk und verunglimpfen die Hindus wegen ihres Nirwanas und ihrer vielen Gesichter Gottes, während sie selbst persönliche Gespräche mit ihrem Gott führen und an den Visualisationen ihrer eigenen Gottesbilder festhalten!

Selbst die Befürworter der Selbstergründung legen oft im Voraus fest, was ihre Untersuchung zutage fördern soll. In der »Religion« der Selbsterforschung tritt das Konzept der Nichtzweiheit an die Stelle direkter Erkenntnis. Die authentische spirituelle Selbstergründung bringt, ebenso wie tiefgehende künstlerische oder wissenschaftliche Betätigung, die Freude neuer Einsichten und Offenbarungen mit sich, aber wenn wir an den neuesten Erkenntnissen als an *etwas* festhalten, das wir wissen, bekommt das Etwas einen üblen Beigeschmack.

Ebenso wie es in unserer menschlichen Natur begründet liegt, zu denken, gehört es auch zu unserem Wesen, zu glauben. Es ist nichts gegen Überzeugungen einzuwenden, außer wenn sie dazu dienen, uns von anderen zu trennen und in der arroganten Gewissheit zu wiegen, dass unsere jeweiligen Überzeugungen die einzig wahren sind. Und tatsächlich trennen sie uns mal mehr, mal weniger. Wenn wir an alten Überzeugungen festhalten oder uns neue aneignen, weil wir der Meinung sind, das, woran wir glauben, sei die Wirklichkeit, knebeln wir unseren Geist und beschränken unsere Lebenserfahrungen. Wenn wir zur tiefen Selbsterforschung bereit sind, müssen wir auch willens sein, zumindest vorübergehend alle Überzeugungen fahren zu lassen.

Um einen echten spirituellen Wert zu haben, muss unsere Selbstergründung lebendig und frisch sein. Ungeachtet dessen, woran wir uns erinnern oder was wir in der Vergangenheit erkannt haben, kehren wir in der aufrichtigen Selbstergründung jedes Mal dahin zurück, dass wir nicht wissen, was dabei herauskommt oder herauskommen sollte. Erkenntnis braucht keine Dogmen. Auch Begriffe wie »Vielheit«, »Dualität« oder »Nichtzweiheit« sind unnötig. Tatsächlich müssen wir alle Dogmen und Konzepte während unserer Untersuchung beiseite lassen. Erforderlich ist einzig die Bereitschaft, bewusst und wahrhaftig und nicht auf ein mögliches Ergebnis fixiert zu sein.

Tiefes Nachforschen ist nichts für Schwache oder Wankelmütige. Es ist etwas für diejenigen, die ungeachtet aller

Ängste und Unannehmlichkeiten bereit und willens sind. Es ist die herausfordernde Einladung, zu reifen. Es ist eine Aufforderung, sich nicht länger auf die Entdeckungen, die andere gemacht haben, zu verlassen, sondern sich von deren Entdeckungen zu eigenen Forschungen anregen oder sogar antreiben zu lassen.

Die Selbsterforschung ist keine Strategie zur Lebensbewältigung. Sie ist nicht im Bewusstsein des Menschen angelegt, um ihm Sicherheit oder Wohlbehagen zu vermitteln, sondern um ihm die unumstößliche Gewissheit zu geben, dass er die Wahrheit selbst ergründen kann. Sie ist ein »Ausdehnmechanismus«. Sie regt das Bewusstsein dazu an, sich über seine eigenen Grenzen hinweg auszudehnen, und dient so der Entwicklung und Reifung der Seele. Sie befreit uns von dem Bedürfnis, uns definieren zu müssen, um uns selbst zu erfahren. Sie macht uns bescheiden und ist zugleich die Quelle tiefgreifender Freude, ohne uns mit einem Bündel neuer Definitionen und Geschichten zu beschweren.

Die Herausforderung der Selbstergründung liegt darin, sich bereitzufinden, auf direktem Wege selbst zu entdecken, was ohne alle Bezugspunkte existiert. Das Nachforschen ist keine kleine Aufgabe, denn es erfordert die Auseinandersetzung mit dem Tod der selbstgeschaffenen Innen- und Außenwelt, ohne eine Ahnung zu haben, was an deren Stelle treten wird. Die Erfahrung, uns von unserer selbstgeschaffenen Welt zu lösen, machen wir auch beim Einschlafen, und wir pflegen und brauchen diese Erfahrung auf allen Ebenen für unser Wohlbefinden. Die Herausforderung besteht eben darin, sich von der selbstgeschaffenen Welt zu lösen und dabei bewusst zu bleiben.

Wir sind alle zu dem Glauben erzogen worden, das, was uns gelehrt wurde, sei real. Unsere Weltsicht und unsere Rolle in der Welt sind die Geschichte, die wir schon an der Mutterbrust zu lernen beginnen. Wir nehmen die Geschichte, die das Überleben unserer Gemeinschaft sichert, in unsere Zellen auf und richten uns mehr oder weniger behaglich in der Wirklichkeit ein, auf die wir uns geeinigt haben.

Diejenigen, die die Grenzen überschritten haben, werden von der Allgemeinheit vielleicht als Bedrohung wahrgenommen, aber sie sind es auch, die uns vermitteln, wie spannend die Forschungsreise ist. Zu allen Zeiten galt es als ketzerisch, selbst unmittelbare Einblicke zu gewinnen und dann darüber zu sprechen. Doch es hat auch immer Menschen gegeben, die es auf sich genommen haben, missverstanden, eingekerkert und noch übler behandelt zu werden, und zum Glück melden sich solche Menschen auch heute noch zu Wort.

Die Menschen, die die Konsens-Wirklichkeit hinter sich lassen, reißen ein Loch in das Gewebe dessen, was als real betrachtet wird. Sie segeln über den Rand der bekannten Welt hinaus, und die zu uns zurückkehren, berichten uns davon, wie durchlässig die Grenzen unseres Wissens sind. Was immer wir tun, ob wir sie dämonisieren oder verherrlichen, sie zeigen uns, dass die Grenzen unseres Wissens von Natur aus fließend sind.

In uns anderen aber wird die Furcht vor der Hölle im Jenseits oder vor der Hölle sozialer Ächtung im Diesseits geschürt, um uns kulturelle und religiöse Überzeugungen einzubläuen, damit wir unser Leben einer anfälligen und ständig schutzbedürftigen Gruppenidentität opfern. Unsere Angst davor, Missfallen zu erregen, verspottet oder gar getötet zu werden, ist so etwas wie ein innerer sozialer Elektrozaun. Soziale Absperrungen halten uns wirksam im sicheren Bereich des Altbekannten.

Da wir soziale Kreaturen sind, reproduzieren wir unsere soziale Konditionierung im eigenen Innern. Doch die Internalisierung sozialer Kontrolle verursacht inneren Aufruhr und führt zu Selbsthass. Wir definieren uns als Sünder, als minderwertig oder unerleuchtet oder, im umgekehrten Fall, als Kinder Gottes, als erleuchtet und anderen überlegen. Manche Definitionen erzeugen Kummer und manche machen glücklich, aber alle Definitionen grenzen ein. Wir wollen glauben, was wir aus Bequemlichkeit und Sicherheitsbedürfnis immer geglaubt haben, oder wollen uns an den Versprechungen eines neuen Glaubens festhalten, aber an irgendeinem Punkt unseres Lebens merken wir, dass alle unsere Glaubenssätze hohl und leer sind.

Die innere Qual, von der das Hinauswachsen über alte Ansichten und Definitionen normalerweise begleitet wird, kann zwar ziemlich unangenehm sein, aber sie ist auch ein Signal dafür, dass wir bereit sind für eine echte Selbstergründung. Frühere Stufen einfachen, tröstlichen Glaubens sind nicht etwa schlecht oder falsch, ebenso wenig wie Kokons schlecht sind. Kokons sind ein jeweils notwendiges Mittel für Wachstum und Entwicklung. Doch wenn wir uns partout nicht rühren wollen, sobald wir unserem Kokon entwachsen sind, erstickt er unsere Freiheit, zu zweifeln, zu fragen und zu entdecken. Erst wenn wir unsere Bereitschaft dazu wie auch die Unannehmlichkeiten, mit der sie oft gepaart ist, erkennen, sind wir in der Lage, alle festen Überzeugungen aufzugeben und auch andere Menschen darin zu unterstützen, selbst nachzuforschen. Dann erst sind wir bereit, nichts zu wissen und dadurch zu unmittelbarem Wissen zu gelangen.

Nichtwissen unterscheidet sich stark von blinder Unwissenheit oder Zynismus. Reines Nichtwissen ist offen und frei und bietet reichlich Energie zum Nachforschen. Reines Nichtwissen ist Geist, der aller Vorstellungen entblößt ist. Wenn man kein bestimmtes Ziel im Sinn hat, ist der Geist für Entdeckungen bereit. Das Nichtwissen als Vorbereitung auf Entdeckungen ist das Gegenteil von Dummheit. Bewusst nichts zu wissen, in aller Offenheit und Freiheit nichts zu wissen, ist die Basis für eine intelligente Selbstergründung.

Während die verinnerlichten Zäune unserer menschlichen Herdenmentalität Sicherheit bieten, lassen sie uns innerlich veröden, sodass wir außerhalb unserer selbst nach Erfüllung suchen. Wir erstreben materiellen Reichtum, erfüllende Beziehungen oder gesellschaftliches Ansehen, und das sogar in einer Gesellschaft oder Welt, die wir gar nicht mehr recht respektieren. Wir streben nach Wissen und Macht. Wir wollen eine gewaltige Erfahrung nach der anderen machen. Wir suchen nach Erleuchtung, als sei auch das etwas, was uns immer mehr Erfahrungen beschert. Mit all diesem Streben versuchen wir nur den Schmerz unseres ins Stocken geratenen inneren Wachstums zu lindern.

Vielleicht kommen wir zu materiellem Wohlstand, gehen gute Beziehungen ein und erwerben uns Ansehen, aber das allein ist niemals genug. Jedes erreichte Ziel entzückt uns, aber diese Freude vergeht bald wieder, wenn ihre Ursache ein bestimmter Gegenstand ist. Dann suchen wir von Neuem, und oft wird daraus eine verzweifelte Suche. Wir häufen zwar die ersehnten Reichtümer an, gehen immer neue Beziehungen ein oder erlangen Ansehen und Ruhm, aber schon bald brauchen wir wieder mehr. Die Sucht nach mehr ist die spirituelle Krankheit unserer Zeit.

Wie jeder Süchtige versucht auch das Raubtier *Mehr* nur, den Schmerz zu überdecken. Unsere verödete innere Wissbegierde erfahren wir als Leere, die wir nur mit dem füllen können, was wir wissen. Wir stellen Fragen wie: »Wie kann ich mehr erreichen?« oder: »Wie kann ich mir Erfolg sichern?« Wir gleiten erfolgreich oder erfolglos von Versuch zu Versuch, *immer mehr* zu erlangen. Ganz gleich, ob wir Erfolg haben oder scheitern, wir bleiben im Innersten unerfüllt, denn wir haben die Fähigkeit verloren, uns unmittelbar und nackt unserer eigenen Leere zu stellen.

Unsere Lehrer und Führer mögen von inneren Bedürfnissen predigen und vielleicht sogar darauf hinweisen, dass es vergebene Liebesmüh ist, Befriedigung im Ansammeln von immer *mehr* zu suchen. Normalerweise werden allerdings nur noch mehr Wissens- und Glaubensdinge aller Art angeboten. Wir werden selten zur Selbstergründung und zu Fragen hingelenkt, die geistige Offenheit erfordern.

Geistige Offenheit setzt eher eine Verlierer- als eine Gewinnermentalität voraus. Wenn unser Sinn danach steht, mehr zu erreichen, seien es materielle Güter oder Dinge wie Wissen, Erfahrung, Macht oder gar Erleuchtung, behalten wir auch weiterhin das Ziel im Auge, im *Mehr* Erfüllung zu finden. Der offene Geist leert sich selbst von allem Wissen darüber, was Befriedigung bringen könnte. Wenn wir willens sind, alle Ideen und Dogmen fahrenzulassen, eröffnet sich die Chance zu wahrer Selbstergründung.

In diesem Sinne erfordert das Nachforschen die Begegnung mit dem Tod. Der Tod all dessen, was wir zu sein und zu wissen glauben, ist notwendig, wenn wir die unmittelbare und tiefste Erfahrung dessen machen wollen, was wir sind. Die angeborene Intelligenz legt uns nahe, dass Angst vor dem Tod allen Organismen eigen ist. Diese Angst führt uns weg von allem, was zur Auslöschung führen könnte, und diesen Zweck erfüllt sie gut. Die meisten Menschen wollen um jeden Preis leben. Selbst wenn wir leiden und das Gefühl haben, der Tod könnte eine Erlösung sein, klammern wir uns meist instinktiv ans Leben und fliehen den Tod. Wir können jedoch, ohne die Gültigkeit dieser Urangst abzustreiten, erkennen, wann Gedanken, die unserer Angst vor dem Tod entspringen, uns von einem Leben in Freiheit abhalten.

Um wirklich in die Tiefe zu gehen, müssen wir bereit sein, für einen Augenblick zu sterben und von allen Vorurteilen und vorgefassten Meinungen darüber, was wahr ist und wer wir sind, abzulassen. In dem Augenblick machen wir die unmittelbare Erfahrung dessen, was ist, was jedoch für sein Dasein weder eine Definition noch eine Überzeugung oder einen Schutz benötigt.

Wenn du Angst spürst und aufhörst, dir einen Begriff von dieser Angst zu machen, und sei es auch nur für einen Augenblick – welche Erfahrung machst du dann? Wenn du dir deines Körpers mit all seinen Empfindungen bewusst wirst und diesen Körper einen Moment lang nicht »Körper« nennst oder nicht als »Körper« erlebst, was erfährst du dann? Wenn wir uns diese Fragen stellen und mit unserer Aufmerksamkeit tiefer gehen, hinter das Wissen, das alle Einzelheiten festlegt, *ergründen wir uns selbst*. Wenn wir uns selbst ergründen, öffnen sich die inneren und äußeren Bereiche der Lebenserfahrung auf unbegreifliche Weise. Das Leben wird dann nicht ohne das Denken gelebt, aber das Denken kontrolliert nicht länger die Lebenserfahrung. Auf die unmittelbare Erfahrung folgt frische, ursprüngliche Einsicht. Der Denkprozess wird durch die Weite, die sich öffnet, zum freien Denken angeregt. Jetzt kann das Undenkbare gedacht werden, denn innerer und äußerer Raum sind nicht mehr künstlich durch das Denken getrennt.

Wenn wir der Angst auf den Grund gehen, die in gewissem Maße immer die Furcht vor dem Tod ist, haben wir die Freiheit der Wahl. Die Bereitschaft, die Angst nicht länger zu denken, sondern uns einfach der unmittelbaren Erfahrung der Angst hinzugeben, ist das Tor zu dieser Freiheit. Wenn wir uns nicht direkt mit der Angst auseinandersetzen wollen, sind wir den Gedanken ausgeliefert, die dieses Nichtwollen heraufbeschwört. (»Ich könnte ja sterben, ich könnte alles verlieren, ich sollte das Schicksal nicht herausfordern, ich beschäftige mich später damit, das ist einfach zu viel für mich ...«) Mit unserer Entscheidungsfreiheit können wir wählen, ob wir unseren angstgesteuerten Gedanken gehorchen, ob wir diese Gedanken auf Kosten unserer Lebenskraft unterdrücken oder ob wir uns einen Augenblick Zeit nehmen und die Angst unmittelbar ergründen wollen. Aufgrund unserer Wahlfreiheit können wir uns richtig entscheiden.

Angst löst Gedanken aus, die unser Erleben nach gewissen Sicherheitsstandards definieren sollen – physisch, mental und emotional. Da es keine endgültige Sicherheit im Leben gibt, machen die Angst und ihre Helfershelfer, die Gedanken, Überstunden. Der Angst auf den Grund zu gehen und gleichzeitig die dazugehörigen Gedanken loszulassen, öffnet das Tor zur Erfahrung der Freiheit.

Der Angst – und überhaupt jeder Emotion – auf den Grund zu gehen heißt, sich mit voller, ungeteilter Aufmerksamkeit auf sie einzulassen. Wir müssen alles aufgeben, was wir je *über* Angst gedacht haben – woher und warum sie kommt, was sie bedeutet, wie man sie wieder los wird –, und die Empfindungen, die wir als »Angst« etikettiert haben, unmittelbar erfahren. Ohne die Benennung als »Angst« besteht nur ein Kraftfeld energiereicher Schwingungen, das darauf wartet, erfahren zu werden. Dieses Kraftfeld ist aus demselben Stoff gemacht wie der Entdecker des Kraftfeldes. Ob es die Angst, der Ich-Gedanke oder irgendein anderes Gefühl oder Phänomen ist, das direkt untersucht wird, immer entdeckt das bewusste Leben sich selbst!

Wir können tatsächlich alles beiseite schieben, was uns darüber beigebracht worden ist, wer wir sind, und *in uns selbst* nachforschen. Wir können unserer inneren Neugier folgen und auf unsere Intelligenz vertrauen. Wir können uns darauf einlassen, Fehler zu machen oder sogar vollkommen falsch zu liegen, während wir unser Bewusstsein öffnen. Wir können in unserem Innern von der gleichen Kraft und Offenheit Gebrauch machen, die ein Künstler oder Wissenschaftler bei seinen beruflichen Aufgaben nutzt. Wir können es wagen, uns zu öffnen, unsere Glaubenssätze zurückzustellen und bewusst zu bleiben, während wir dem »Stoff« einer jeden Emotion und eines jeden Phänomens, das unter dem Mikroskop unseres Forschens zum Vorschein kommt, auf den Grund gehen.

Wenn wir uns auf unsere Fähigkeit, uns öffnen und alles und jedes vollständig erforschen zu können, besonnen haben, können wir auch die vermeintlichen Grenzen untersuchen, die alles zu trennen scheinen. Woraus besteht die Trennung eigentlich? Sie sieht real aus, sie fühlt sich real an, und in der Konsens-Wirklichkeit sind wir auch tatsächlich voneinander, von der Natur, von Gott, von der Erleuchtung, ja von allem und jedem getrennt. Aber wenn wir die Grenzen der Trennung erforschen, worauf stoßen wir dann? Wenn unsere Sinneserfahrungen nicht mehr das letzte Wort haben, gibt es dann nicht etwas anderes zu entdecken?

Wenn wir uns nicht länger an irgendeine Überzeugung halten, wie nahe sie auch einer Interpretation der Wirklichkeit kommt, die uns Trost und Halt gibt –, sind wir frei, das zu entdecken, was den Urgrund aller Erfahrung bildet. Wir können unsere Geschichten mit der Absicht erzählen, sie zu entlarven. Wir können es wagen, die reine, ungeschminkte Nacktheit zu entdecken. Wir können entdecken, was sich verändert und was immer gleich bleibt. Und zum Schluss können wir fragen: »Wer bin ich?«

Die Lehrgeschichte vom verborgenen Schatz, deine Geschichte und meine Geschichte, all diese Geschichten können im Kontext dessen gelesen oder gehört werden, was es zu entdecken gibt. Wohin weist jede Geschichte? Was kommt in jeder Geschichte zum Vorschein? Wo entspringt jede Geschichte? In der stillen Weite deines Kerns laufen alle Fäden zusammen.

5

Harmonie

Allein schon das Wort *Harmonie* weckt die Vorstellung
von Ausgewogenheit, Frieden und einem natürlichen Zu-
sammenwirken von Kräften. Das Ergebnis ist ein unaufhörlicher Strom von Lebensenergie, der Körper und Seele
nährt. Im Idealfall stellen wir uns die Harmonie als ein
dynamisches, aber dennoch reibungsloses Verschmelzen
von Gegensätzen vor, bei dem die Musik des Lebens uns
sowohl innerlich als auch äußerlich unterstützt. Es ist wie
ein wohltuender warmer Wind, ein Treiben im friedvollen,
freundlichen Ozean des Lebens.

Anscheinend klingt in unserer Erinnerung irgendein
Summen des Universums nach und stimmt uns friedlich.
Wir können uns den Embryo in einer fließenden Harmonie mit dem Rauschen des mütterlichen Blutes und mit
dem Rhythmus des Herzens der Mutter vorstellen, das im
Takt mit dem Heranwachsen des neuen Wesens pocht. Es
bilden sich Wellen in diesem See. Der Herzschlag ändert
sich je nach dem physischen oder emotionalen Zustand
der Mutter, Neuropeptide variieren entsprechend den
Empfindungen der Mutter, und manchmal geschehen Un-
glücke mit verhängnisvollem Ausgang. Aber allgemein
betrachtet, unterstützen Zeit und Ort dieser Entwicklungsphase die harmonische Entfaltung vom Embryo

über den Fötus zum Säugling mit ihren unzähligen Veränderungen.

Bei genauer Betrachtung zeigt sich, dass die Harmonie in einem ausgewogenem Verhältnis aus Anspannung und Entspannung besteht. Was für sich allein vielleicht als Missklang wahrgenommen wird, bildet unter Umständen mit den anderen Bestandteilen zusammen ein harmonisches Ganzes. Alles in der Natur ist eine großartige Mischung aus Verschiedenartigem, die uns bei ausgewogener Zusammensetzung wohltuend und beruhigend erscheint. Der Winter ist oft rau, aber ohne Frühling wäre er unerträglich. Allein mag ein Mensch getrieben und angespannt wirken, während er in einer Paarbeziehung, in der Familie oder in einer Gemeinschaft als ausgeglichen empfunden wird; einzelne Züge einer Person haben für sich allein vielleicht eine unangenehme Wirkung, aber als Teil des Gesamtcharakters tragen sie dazu bei, dass diese Person als tief und liebenswert erfahren wird.

Wenn eine Erfahrung in erster Linie positiv ist, haben wir das Gefühl, getragen zu werden, sei es innerlich durch unsere eigene Ausgeglichenheit oder äußerlich durch äußere Faktoren, die uns unterstützen. Bei zu viel Ruhe fehlt uns der für unsere Entwicklung nötige Anreiz. Bei zu viel Stress verlieren wir die für unsere Entwicklung nötige Ruhe. Harmonie bietet uns beides. Harmonie erfüllt uns mit kindlicher Unschuld, unabhängig von unserem tatsächlichen Alter. Die Dinge scheinen sich nach einem Muster zu entfalten, und wir stehen sicher im Mittelpunkt dieses Geschehens.

Wir lesen von den Möglichkeiten des dynamischen Gleichgewichts von Yin und Yang, von den drei *Gunas* und den Prinzipien von Licht und Dunkelheit und fühlen uns davon angesprochen. Wir schwelgen in Erinnerungen an die Zeiten, als wir uns noch mit allem ringsum harmonisch verbunden fühlten. Wir sehnen uns nach einer Einheit, deren tiefen Widerhall wir als sinnliche Erinnerung spüren. Wir suchen nach Schutz ohne Beengung, nach Verbundenheit ohne Einschränkung und nach Wissen ohne Gelehrsamkeit. Wir verklären die Natur zu einem Ort reiner Harmonie und verbringen Zeit in ihr, um den Nektar der sogenannten natürlichen Welt zu schlürfen. Im Dahinfließen ohne Getriebenheit, in der Endlosigkeit, die nicht langweilig wird, und in müheloser Aktivität offenbart sich die Harmonie der Sinne, der Wahrnehmung und der Empfindung. Vieles zieht uns zurück zu unserer Version des Mutterleibes.

Die Harmonie eines bestimmten Lebensabschnittes wird oft erst aus der Rückschau erkannt, nachdem eine Störung aufgetreten ist. Häufig ist die Harmonie, die wir erfahren, auf uns selbst oder die Gruppe, zu der wir gehören, beschränkt. Um unser Gefühl von Harmonie zu erhalten, müssen wir unter Umständen das Leid anderer ausblenden. Aus Angst, unsere eigene Harmonie zu stören, üben wir uns darin, das Leid anderer zu verleugnen. Die 1950er Jahre gelten in den Vereinigten Staaten normalerweise als eine Zeit der Harmonie. Verglichen mit den massiven Problemen durch die Weltwirtschaftskrise in den 1930er Jahren und den Zweiten Weltkrieg in den 1940er Jahren, waren sie auch harmonisch. Trotzdem litten große Teile der amerikanischen Bevölkerung unter Armut und Ungerechtigkeit. Harmonie ist relativ und hängt von allerlei Bedingungen ab. Entweder sind die Bedingungen so, dass sie einen Zustand relativer Harmonie begünstigen, oder es gibt störende Umgebungsfaktoren, die ausgeblendet werden müssen. Harmonie ist relativ und kein Dauerzustand.

Wenn wir über Harmonie nachsinnen, ohne unseren Idealvorstellungen zu erliegen, erkennen wir, dass die Harmonie, die wir erlebt haben, die Harmonie, die wir zum Gegenstand unserer Erinnerung machen, relativ ist. Die Familie in unserer Lehrgeschichte lebt in relativer Harmonie, bis das Schicksal zuschlägt. Ihre Sicht der Dinge beschränkt sich auf das einfache Wissen, dass für sie gesorgt ist. Oder, was den Vater betrifft, darauf, dass er für die Familie sorgt. Diese beschränkte Sicht der Dinge muss infrage gestellt werden, und in unserer Geschichte wird sie das auch. Wir können uns diese Sicht als repräsentativ für die relativ unschuldige, unreife Seele vorstellen. Die Familie aus unserer Lehrgeschichte lebt in einer Art Elfenbeinturm, einem Reich der Harmonie, und hat das Empfinden, dass das Leben eben so und nicht anders ist.

Idealisierungen sind problematisch, denn sie verweisen auf etwas, das in sich selbst vollständig und ganz ist, ohne die Störungen zuzulassen, die den Rahmen für diese Ganzheit bilden und zu ihr beitragen. Weder die Natur noch unser Leben ist so glatt wie unser Idealbild davon. Die von uns geliebte süße Harmonie wechselt mit disharmonischen und manchmal sogar chaotischen Phasen in unserem Leben. Wahre Ganzheit schließt alles ein, statt das Unschöne und Unerwünschte auszugrenzen.

In meinen frühesten Erinnerungen ist meine Großmutter mütterlicherseits, die wir »Mammy« nannten, für mich die Harmonie in Person. Wenn sie in der Nähe war, war alles gut. Auch wenn das Leben sicher manches Unangenehme mit sich brachte, sie war die versöhnende Kraft. Mit ihrem Geruch, ihren großen, feuchten Augen (ihren Augen!), den wunderbar weichen Konturen ihres alten Körpers und ihren Worten voller Liebe und Fürsorge stellte sie für mich einen Hort der Harmonie dar. Großpapa und sie pflegten immer für einige Wochen und manchmal sogar Monate zu uns nach Clarksdale zu kommen; gegen Ende ihres Lebens lebten sie ganz bei uns, bis meine Mutter und Mammy nicht mehr miteinander auskamen. Wenn ich als Kind mitkriegte, dass die Großeltern im Anmarsch waren, saß ich oft den ganzen Tag am Esszimmerfenster und wartete auf das Erscheinen ihres Autos.

Nicht dass es keine Konflikte gegeben hätte, wenn Mammy da war. Das Leben und das ganze Chaos bei uns zu Hause gingen weiter, aber ihre Anwesenheit bot einen Raum der Sicherheit inmitten aller Konflikte. In diesem Raum konnte ich mühelos ich selbst sein. Ich konnte wachsen, ohne ständig nach Liebe oder Unterstützung zu suchen. Es war eine Art von Mutterleiberfahrung außerhalb des Mutterleibes. Durch sie baute sich meine noch ungeformte und unreife Identität aus Mosaiksteinchen der Liebe auf. Ihr Leben lang blieb sie eine Quelle der Liebe für mich – die ich nur allzu oft als selbstverständlich hinnahm. Sie war ein heller Lichtstrahl in dunklen Zeiten. Ich hatte großes Glück, denn in ihrer Gegenwart war es ein Leichtes für mich, ich selbst zu sein. Mammy war für mich so etwas wie der Beutel für ein Beuteltier. Ich ging eigene Wege, wenn ich mich genügend gestärkt hatte, konnte jedoch bei Bedarf immer in die Sicherheit des Beutels zurückkehren.

Wir brauchen diesen äußeren Mutterleib, wenn gesunde Erwachsene aus uns werden sollen. Und wir finden ihn auf vielerlei Weise. Sicherheit und Zuwendung werden uns in den verschiedensten Situationen zuteil: bei Kontakten im Freundeskreis, durch Umarmungen, warme Bäder, Tagträume oder unser Rollenspiel. Später finden wir sie im Sport, in engen Freundschaften, in der Ehe und vielleicht in einem geheimen Innenleben. Auf sie gründen sich viele kirchliche und weltliche Gemeinschaften.

Genuss ist sicher ein Aspekt von Harmonie, aber auch eine Begleiterscheinung vieler anderer Verfassungen. Harmonie herrscht immer dort, wo wir uns sicher und geborgen fühlen. An einem solchen Ort ist nicht einmal ein Gedanke mehr an die Sicherheit und Geborgenheit da.

Die wohltuende Erfahrung, ganz in etwas »aufzugehen«, können wir bei so unterschiedlichen Dingen machen wie der Arbeit an einem Projekt oder bei einem Sonnenuntergang. Ich liebe die Erfahrung, mich vollkommen in ein großartiges Buch, einen Film oder eine Aufführung zu versenken. Musik aller Art kann Saiten in uns anklingen lassen, die uns in Harmonie versetzen. Wenn wir mit Haut und Haar von der Schönheit und Kraft eines Kunstwerks erfasst werden, denken wir nicht mehr, wie sonst immer, an unsere Sicherheit und Bequemlichkeit, und dann erleben wir relative Harmonie. Sicherheit und Wohlbefinden sind dann kein Thema mehr. Es gibt überhaupt kein Thema, nur die Freiheit, zu sein, zu wachsen und zu lernen. Die Freiheit, vom tiefsten – und vielleicht sogar chaotischen! – Geheimnis überhaupt angerührt zu werden. (Natürlich gibt es große Kunstwerke aller Genres, die alles andere als Gefühle von Sicherheit und Wohlsein auslösen. Sie haben eine andere, wenn auch ebenso wichtige Funktion.) Erfahrungen von Harmonie, die durch das Zusammenspiel bestimmter Bedingungen begründet sind, kommen und gehen, ebenso wie das Freiheitsgefühl, das sie begleitet.

Viele Male in meinem Leben habe ich die Glückseligkeit der Harmonie durch körperliche Empfindungen erlebt. Tanzen, Schwimmen, Sichlieben, bei alledem stellte sich ein Gefühl tiefsten, wirklichen Wohlbehagens ein. Ich habe dieses Gefühl sowohl bei physischer Anstrengung als auch im Ruhezustand erlebt. Und ich habe es genossen, habe es so sehr genossen, dass mein Leben sich zu einem Großteil nur darum drehte, es immer wieder zu erleben.

Als ich die Meditation für mich entdeckte, merkte ich, dass das wache Stillsein auch manchmal einen Zustand von Harmonie erzeugte. Eine ähnliche Erfahrung – dass meine Identität mit all ihren Ängsten und Sorgen vorübergehend aufgehoben war – machte ich, wenn ich Marihuana rauchte oder kurzfristig unter der Einwirkung psychotroper Substanzen stand. Das Problem war allerdings, dass immer, wenn ich mit dem Meditieren aufhörte oder wenn der Trip zu Ende ging, die Harmonie dem Chaos meiner Gedanken wich. Dann stürzte ich mich auf die Arbeit, aufs Tanzen, auf die Natur oder die Liebe, um die Harmonie wiederzugewinnen, die dagewesen war und dann so schnell wieder verschwand.

Was aber, wenn ich keine sinnvolle Arbeit finden oder nicht tanzen konnte, wenn ich verletzt oder krank war oder in einer Stadt festsaß, ohne hinaus in die Natur zu können, und was war, wenn die Liebe ihre ursprüngliche Magie verloren hatte? Dann litt ich und suchte nach neuen, anderen Möglichkeiten, Harmonie herzustellen, sodass mich meine Sorgen um Sicherheit und Wohlbehagen nicht länger drückten.

Mein Verlangen danach, mich selbst zu vergessen und mich frei und sicher zu fühlen, lenkte mich von den inneren und äußeren Widrigkeiten meines Lebens ab. Ich sehnte mich mehr nach Harmonie als nach Vertiefung oder Erkenntnis. Also vermied oder bekämpfte ich alle Ärgernisse, die mich vom angenehmen Zustand der Harmonie trennen konnten.

Das war natürlich vergebliche Liebesmüh, da Harmonie nur ein Teil des Lebens ist. Meine Harmoniesucht selbst sorgte auf ärgerliche Weise für Disharmonie. Die Suche nach Frieden und Glück oder auch nach Liebe kann in genauso ein Chaos münden, wie damit ursprünglich vermieden werden sollte. Am Ende musste ich mich voll und ganz mit den Problemen auseinandersetzen, die zu den tieferen Erfahrungen meines Lebens führen sollten.

Das Gewohnheitsmuster, nach Genuss zu streben und schließlich dem Schmerz zu erliegen, bildete sich bereits aus, als ich noch sehr jung war, und setzte sich verschieden stark fort, bis ich meinem Lehrer begegnete. Noch heute sind mir angenehme Erfahrungen lieber als schmerzhafte, und ich bin ziemlich sicher, dass es den meisten anderen Kreaturen aller Art ebenso ergeht. Aber wenn der Schmerz einsetzt, weiß ich jetzt besser damit umzugehen, als ihn unnötigerweise zu vermeiden oder gegen ihn anzukämpfen.

Wir bauen unsere definierten Identitäten auf, indem wir Wissen, Macht und anderes ansammeln, was wir zum Überleben brauchen. Für uns alle wachsen diese Identitäten aus unendlich vielen komplexen Bildern, gepaart mit Sinneseindrücken und emotionalen Prägungen, zu einem zentralen Ich-Gefühl zusammen. Mein Lehrer Papaji und sein Lehrer Ramana Maharshi nannten diese zentrale Identität den »Ich-Gedanken«. Den haben wir alle.

Wenn wir sagen »ich will« oder »ich habe« oder »ich bin«, beziehen wir uns auf eine ganze Reihe von Definitionen, die sich mit der Zeit angesammelt haben und die das darstellen, was ein Mensch zu sein glaubt. Das mag total individualistisch sein wie bei den meisten von uns aus den westlichen Gesellschaften, oder es mag andere einbeziehen, wie es bei vielen religiösen Gemeinschaften oder Stammeskulturen der Fall ist. Aber ob andere völlig unberücksichtigt bleiben oder zu einem Teil mit einbezogen werden, immer definiert ein Gedanke oder eine Reihe von Gedanken, wer wir sind. Es ist ein sicherer Hafen, ein Ort, an dem wir zu uns selbst kommen können und das Gefühl haben, auch von anderen so wahrgenommen zu werden, wie wir sind. Abgesehen von gelegentlichen Turbulenzen, handelt es sich im Allgemeinen um einen Ort der Harmonie, der Ruhe – zumindest eine Zeitlang. Wenn dies nicht bis zu einem gewissen Grad gegeben ist, verlieren wir unsere geistige Gesundheit.

Die Kollektion von Ichs, ob sie als komplexes Selbst oder als die eigenständigen Mitglieder einer Familie erfahren werden – je nachdem, wie eng oder umfassend sie definiert werden –, bietet Sicherheit durch die Anerkennung derer, die mit diesem Ich verbunden sind. Der soziale Kokon versorgt uns mit Nahrung für unser Wachstum. Wenn wir uns einer Gruppe verbunden fühlen, fühlen wir uns beschützt. Selbst in einer Gruppe, in der man voneinander

nichts Näheres weiß, wie etwa in einer großen Kirchenge-
meinde, einer Studiengruppe, einer politischen Partei oder
einer Bürgerbewegung usw., entsteht ein Zugehörigkeits-
gefühl. Auch all die Leute, die sich nur zufällig und gelegentlich in einer Nachbarschaft oder einem Stadtviertel
treffen und deren Namen und Geschichten man nicht
kennt, können ein sozialer Ruhepol sein. Ich selbst habe
zu Zeiten, wenn ich nach einem Streit oder aus innerer
Not Trost suchte, einfach einen Spaziergang in die Stadt
gemacht, um andere Menschen zu sehen und zu fühlen.
Überall auf der Welt sehen wir Leute in Cafés, auf Stufen
oder vor ihren Hütten sitzen und spüren die Harmonie, die
darin liegt. Unsere Gruppen stärken uns innerlich und äußerlich, und wenn sie den Weg für individuelle Potenziale
und kollektive Entdeckungen frei machen, sind sie noch
förderlicher.

Du hast in deinem Leben bisher zumindest genügend Harmonie erlebt, dass du überleben konntest, lesen gelernt
und gelernt hast, für dich selbst zu sorgen. Selbst wenn du
nur im Tiefschlaf Harmonie gefunden hast, kannst du dich
glücklich schätzen, dass dir wenigstens dieses Maß an
Harmonie zuteilgeworden ist. Wie hart dein Leben auch
immer war, du bist jetzt an einem Punkt, wo die äußeren
Umstände, dieses Buch inbegriffen, dein Wachstum und
deine Entwicklung unterstützen. In genau diesem Augenblick befindest du dich in einem Raum, der sicher genug
ist, dass du lesen und über das nachdenken kannst, was du
liest. Es herrscht genügend Harmonie, um dir die Freiheit
zu geben, sowohl Harmonie als auch Disharmonie, Freude
und Leid unmittelbar zu erfahren. Du hast die Zeit und die

Neigung, über tiefgehende Fragen nachzusinnen. Verglichen mit vielen anderen, wahrscheinlich sogar den meisten Menschen dieser Welt, lebst du relativ harmonisch.

Die Figuren unserer Lehrgeschichte erfreuten sich eines harmonischen Lebens, aber so wie sie dargestellt sind, fehlte ihnen die nötige Selbstreflexion, um das zu erkennen. Als kleines Mädchen wusste ich nicht, dass nicht jeder eine Mammy, diese wunderbare Quelle der Liebe, hatte. Sie starb, als ich Mitte zwanzig war. Damals war mir nicht klar, was ich verloren hatte, obwohl ich bitter bereute, ihr die letzten Lebensjahre nicht angenehmer gemacht zu haben. Vielleicht erkannten die Figuren aus unserer Lehrgeschichte erst richtig, in welchem Glück sie lebten, als sie es verloren hatten und das gute Leben für immer vorüber zu sein schien.

Mammy zu verlieren und zu bedauern, dass ich mich nicht genügend um sie gekümmert hatte, als sie noch lebte, war ein Verlust an Harmonie für mich. Ich lernte dabei meine erste Lektion über unsere Fähigkeit, etwas beharrlich so lange zu übersehen, bis wir es verloren haben.

Wie sicher und geliebt ich mich bei Mammy auch gefühlt hatte, die meiste Zeit über mochte ich nicht bei ihr sein. Um zu reifen, brauchen wir mehr als nur Harmonie. Wesentlich für unser inneres und äußeres Wachstum ist, dass die relative Harmonie bisweilen gestört wird. Diese Störungen können entweder für andere unsichtbar sein oder sich vor aller Welt abspielen. Sie können so geringfügig sein wie ein unerwünschtes Geräusch, das uns beim Lesen ablenkt, oder so abgrundtief gehen wie das Leid, das eine

Tragödie hervorruft. Wie immer sie auch geartet sind, die Störungen sind auf irritierende Weise Bezugspunkte für die Harmonie, die vorher herrschte oder die danach wieder einsetzt. Oft kündigt sich mit den schwersten Umbrüchen ein sinnvolleres, derzeit nur noch nicht wahrnehmbares Leben an.

Wenn wir unsere Lehrgeschichte als metaphysisches Modell begreifen, sehen wir, dass in der anfänglichen Harmonie das Innenleben noch in den Kinderschuhen steckt. Es war noch nicht den Prüfungen des Lebens ausgesetzt, nur dem leichten Stress, der in der Harmonie mit der Ruhe wechselt. Dies ist das Larvenstadium der Entwicklung. Die Zeit, in der wir uns sicher und beschützt fühlen durch das, was uns gegeben wurde und was wir angesammelt haben, ist normalerweise eine Zeit, in der wir uns kaum der Selbstreflexion widmen. Zur Selbstreflexion und auch zur Demut kommen wir meist erst, wenn wir aus der Harmonie aufgescheucht werden.

Manchmal im Leben, wie schwer oder leicht es gewesen sein mag, wird die erlebte Harmonie auch durch einen inneren Ruf gestört, sich etwas Unbekanntem zu öffnen. Wenn wir diesen Ruf vernehmen und beachten, genügt auch die umfassendste Harmonie im Leben nicht mehr, um uns zu erfüllen. Dann sind wir aufgerufen, unsere relative Harmonie zugunsten des Unbekannten aufzugeben. Dieser Umbruch kann Schrecken erregend sein, und mitunter wirkt er auf unsere Umgebung und bisweilen sogar auf uns selbst recht schonungslos. Wenn es sich um einen echten Ruf zu innerem Wachstum handelt, dann ist er tatsächlich eine Gefahr für das Boot, in dem wir mit unserer fest definierten, beschützten Identität sitzen.

Wie es scheint, hat keiner der Charaktere in unserer Geschichte einen solchen Ruf erhalten, aber es kann auch sein, dass äußerlich nichts davon zu merken ist. Der Ruf kann da sein, ohne dass jemand etwas davon weiß. Plötzlich – oder endlich – können wir nicht mehr so leben, wie wir leben *sollten*, nicht mehr die Person heiraten, die wir heiraten *sollten*, nicht mehr denken, was wir denken *sollten*.

Im harmonischen Leben der Familie aus unserer Lehrgeschichte hat sich vielleicht nur die Mutter manchmal nach einem anderen Leben gesehnt, das mehr dem glich, das sie sich als junges Mädchen erträumt hatte. Vielleicht empfand sie die Zuverlässigkeit ihres Mannes und ihre gesunde Familie aber auch als Glück. Obwohl die Geschichte ihre Sicht der Dinge nicht genau wiedergibt, können wir uns lauter Gefühle vorstellen, die sie gehabt haben könnte, weil sie symbolisch für jeden von uns steht.

Ihr Leben erscheint uns vielleicht nicht in allen Einzelheiten verlockend, aber wir können uns trotzdem gut vorstellen, in ähnlicher Harmonie zu leben. Die Frau hatte ihrer Kultur entsprechend ein Leben im Überfluss. Für sie wurde gesorgt, sie hatte immer genug zu essen, ihre Kinder gingen auf gute Schulen. Sie schwebte nicht in Lebensgefahr, es tobte kein Krieg um sie herum, niemand in ihrer Familie litt unter einer qualvollen Krankheit.

Ist das auch bei dir im Augenblick so? Herrscht in deinem Innern relative Harmonie? Und im Äußeren? Eine »richtige« Antwort gibt es nicht. Diese Fragen sollen dich nur in der Wertschätzung deiner Innen- und Außenwelt bestärken, und du bist eingeladen, einmal über die Harmonie um dich herum und in deinem Innern nachzusinnen, die es dir ermöglicht hat oder noch immer ermöglicht, dich so zu entwickeln, wie du dich entwickelt hast.

Wenn du mal von der heilsamen Annahme ausgehst, dass dein äußeres Leben derzeit harmonisch genug verläuft, kannst du den Grad deiner Zufriedenheit mit deinem Innenleben wie auch mit deinem Leben in der Außenwelt genauer untersuchen. Kannst du dich, falls du mit deinem ganzen Leben vollkommen zufrieden bist, an eine Zeit erinnern, in der die äußeren Gegebenheiten harmonisch waren, während sich doch in deinem tiefsten Innern eine gewisse Unzufriedenheit spürbar machte?

Wer sorgt eigentlich für die relative Harmonie in der Familie aus unserer Geschichte? Der Mann erfüllt sicher gewissenhaft seine Pflichten, aber wie steht es mit der Beziehung zu seiner Familie? Wir wissen, dass er seiner Frau nichts von dem verborgenen Schatz erzählt hat; ist das nicht ein Hinweis auf ein tieferes Zerwürfnis zwischen den Eheleuten? Behält er vielleicht, da er den materiellen Überfluss unerwähnt lässt, auch noch anderes für sich? Versetzen wir uns einmal mit unserer Lebensgeschichte an seine Stelle, und sehen wir selbst. Mit unserem eigenen Hang zum Teilen oder Verstecken können wir sein Verhalten gut nachempfinden.

Wir wissen nichts vom Innenleben des Mannes, nur dass er seiner Frau wichtige Informationen vorenthält und geschäftlich viel reist. Unzufriedenheit mit irgendeinem Aspekt des eigenen Lebens stellt sich mit größter Sicherheit dann ein, wenn wir feststellen, dass andere ein freieres Leben führen. Vielleicht hatte der Mann von einem Buddha gehört, vielleicht auch von einem Helden oder Abenteurer. Oder er hatte jemanden kennengelernt, der vorbehaltlose Liebe erfahren hatte, oder jemanden, der ein Leben lebte, das sich gänzlich seinem eigenen Erfahrungsbereich entzog. Es liegt in unserer menschlichen Natur, Fragen zu stellen und uns unser Leben frei von seinen relativen Zwängen vorzustellen. Wenn wir jemandem begegnen, der eine Lebendigkeit ausstrahlt – oder auszustrahlen scheint –, die uns fremd ist, springt in der Regel ein Funken davon auf uns über. Dieser Funken kann für unseren harmonischen, schützenden Kokon Unheil und Zerstörung bedeuten.

Zwar ist es durchaus möglich, dass der Mann nur geschäftlich unterwegs war, dass er froh war, wenn er wieder nach Hause kam, und sich glücklich pries, dass ihn keine andere Lebensform reizte. Andererseits ist es für unsere Selbsterforschung hilfreicher, in die Haut des Mannes zu schlüpfen und uns vorzustellen, wie er auf eine bessere Zukunft wartete, nachdem alle Pflichten erfüllt waren. Wenn seine Frau bestens versorgt war und seine Kinder gut verheiratet waren, konnte er vielleicht endlich das erforschen, was er sich sein Leben lang gewünscht hatte.

Wir haben als Ehepartner, als Eltern und Kinder Pflichten und Verantwortlichkeiten im Leben. Wir haben als Bürger und als Angehörige einer Gemeinschaft Pflichten. Wir sind unserer Welt im weitesten Sinne und all den ungeborenen Kindern, die noch geboren werden, verpflichtet. Aber wir können darüber hinaus, ohne die Bedeutung dieser Pflichten zu schmälern, herausfinden, ob nicht die noch größere Verpflichtung darin besteht, uns einem inneren Ruf zu öffnen.

Und was ist mit den Kindern in unserer Geschichte? Wie war es bei dir als Kind? Wie gestört deine eigene Familie auch gewesen sein mag, du hast deine Kindheit überlebt, im Gegensatz zu vielen anderen. Trotz aller Hürden und Schwierigkeiten, trotz möglicher Traumata, hast du relativ unversehrt überlebt.

Von den Kindern aus unserer Geschichte wissen wir noch weniger als von ihrer Mutter und ihrem Vater. Wir wissen, dass sie genug zu essen hatten, eine gute Ausbildung erhielten und Anspruch auf die Harmonie zu haben glaubten, für die ihre Eltern sorgten. Wir wissen, dass sie sich, als das Schicksal zuschlug, beklagten und ständig herummäkelten, wie es Kinder eben tun. Sie waren ja ziemlich verwöhnt worden. Was sie brauchten, hatten sie bekommen, noch ehe sie wussten, dass sie es brauchten.

Um ihr Leben nachzuempfinden, brauchen wir keine wirklichen Kinder zu sein. Wir können zugeben, dass wir uns genauso wie die Kinder verhalten haben, wenn uns etwas genommen wurde, von dem wir meinten, es gehöre uns von Natur aus. Eine Störung der Harmonie kann zu einer ernüchternden, demütigenden Realität führen. Wie gern glauben wir, den Segen der Nahrung, einer guten Bildung und relativer Freiheit verdient zu haben. Und noch lieber gehen wir davon aus, dass wir eigentlich immer haben müssten, was wir brauchen, weil es schließlich immer so war. Wie wichtig ist es doch, zu erkennen, dass diese egoistische Gleichung nicht aufgeht!

Um zu wachsen und zu reifen, müssen wir unbedingt einsehen, dass die Welt keineswegs für unsere Wünsche und Bedürfnisse verantwortlich ist, nur weil es in der Vergangenheit so gewesen zu sein schien. Das ist eine offenkundige, harte Tatsache. Normalerweise versuchen wir durch Wutausbrüche und den Glauben an Wunder, wozu auch manche kindlichen religiösen Überzeugungen gehören, das zurückzugewinnen, was uns genommen wurde.

Die Kinder aus der Lehrgeschichte zeigen uns nicht, ob ihr Unglück zu einem tieferen Verständnis beitrug. Aber du kannst dich an die Stelle des Sohnes oder der Tochter versetzen und selbst herausfinden, ob du durch den Verlust von etwas Kostbarem weiser geworden bist. Oder ob du noch immer mit der Tatsache haderst, etwas verloren zu haben, was du für *deins* gehalten hast.

Harmonie ist wesentlich für die Erholung von Körper und Seele. Wenn wir im Tiefschlaf in den Zustand der Harmonie eintreten, verliert sich unser persönliches Leben in der Weite des Nichtdenkens. Wenn wir erholt sind, erwachen wir ganz von selbst wieder zum Leben in all seinen Formen, denn wir haben im Schlaf den Frieden des Abwesendseins gekostet und das erfüllende Gefühl der Ruhe erlebt. Wenn unser bewusstes Leben wieder in den Vordergrund tritt, können wir ihm durch die Zeit, in der wir eher unbewusst gelebt haben, umso besser begegnen!

Im Wachsein kennen wir die Glückseligkeit, uns lustvoll im Ozean der physischen und emotionalen Liebe aufzulösen, ebenso gut wie das Hochgefühl, im Rhythmus der Wellen auf den wirklichen Meeren, Seen und Flüssen dahinzutreiben. Wir kennen die Harmonie körperlichen und emotionalen Wohlbefindens. Wenigstens ein paarmal am Tag oder im Leben erfahren wir Augenblicke der Weite und Freiheit.

Durch die Zyklen von Harmonie, gestörter Harmonie

und Rückkehr zur Harmonie erkennen wir, dass unser natürliches, freies Glück in der Harmonie begründet ist. Wenn wir uns der Harmonie bewusst werden, wird für gewöhnlich auch der Wunsch nach mehr davon wach. Wenn wir nicht mehr im Einklang mit uns und der Welt sind, beginnt die Suche danach. Da wir als Geschöpfe mit der wunderbaren Fähigkeit des Denkens ausgestattet sind, fangen wir an zu denken und versuchen das Glück der Harmonie durch das Denken wiederzuerlangen. Wir suchen nach bestimmten Umständen, die uns Lust bereiten, und kommen auch eine Zeitlang wieder in den Zustand der Harmonie, wenn unsere Begierden erfüllt werden, aber eben nur *eine Zeitlang*.

Da die Harmonie, die durch den Erwerb eines Objekts der Begierde erreicht wird, relativ ist, ist ihr Ende vorprogrammiert. Wir brauchen noch mehr und noch andere Lustobjekte. Etwas noch Ausgeklügelteres; ein Wissen oder einzigartige Erfahrungen, die unsere Kenntnis dessen, was uns immer mehr Genuss bereiten kann und was nicht, vertiefen. Wir hoffen, auf eine Lust zu stoßen, die nicht endet. Wir streben nach absoluter Harmonie und stehen am Ende mit leeren Händen da.

Wenn wir einsehen, dass relative Harmonie immer einen Anfang, eine Mitte und ein Ende hat, nehmen wir Störungen unserer relativen Harmonie, wie unerwünscht sie auch sein mögen, einfach als Teil des Ganzen an. Mit genügend Reife und Erfahrung geben wir unsere Erwartungshaltung auf, dass der Zyklus von Harmonie, Störung und Rückkehr zur Harmonie anders verlaufen könnte, als er es tut. Dann muss gegen einen Umbruch, eine Schicksalswende nicht mehr angekämpft werden, sondern dieser Umbruch kann als natürliche Ordnung der Dinge willkommen geheißen werden. Unsere Aufmerksamkeit muss nicht von Gedanken an das, was war, warum es so hätte bleiben sollen und was wir tun können, um es wieder herbeizuführen, gefesselt werden. Vielmehr kann sie in aller Freiheit und Gänze in das einfließen, was immer da ist, und zwar unabhängig vom Maß an Harmonie oder Disharmonie, das gerade herrscht.

Absolute Harmonie bleibt unberührt von den Umständen und Ereignissen, die kommen und gehen. Es gibt weder einen Abbruch noch eine Rückkehr zur Harmonie. Das Absolute liegt allen Umständen und Geschichten zugrunde und ist deren Urgrund, der Raum, in dem sie geschehen. Nur durch unsere Identifikation mit Sinneswahrnehmungen, Gefühlen und Emotionen, die mit unserer Vorstellung von dem, was wir sind und was mit uns geschieht, verknüpft sind, übersehen wir die absolute Harmonie. Das *Nur* am Anfang dieses Satzes ist natürlich riesenhaft. Dieses *Nur* wird vom Stoff der Individuation zusammengehalten, einer der bedeutendsten und machtvollsten Phasen unseres bewussten Lebens. Die Individualität an sich ist etwas Wunderbares, aber sie ist auch auf sich selbst begrenzt. Sie ist auch nur eine Phase, die irgendwann zu Ende geht. Sie endet entweder im physischen Tod oder in der Erkenntnis unseres Einsseins mit dem Urgrund aller Phasen.

Mit dem Chaos der Geburt beginnt eine lebenslange Geschichte von Chaos, Gleichgewicht, Harmonie und Störung, ein uns gründlich vertrauter Lebensrhythmus, den wir ständig erleben und auf den wir in jedem physischen und emotionalen Stadium unseres Wachstums und unserer Entwicklung wieder zurückkommen. So besänftigend und wesentlich die Harmonie auch ist, für Tiefgang ist die Störung notwendig. Die Harmonie wird gestört, damit Lebensformen aus ihrem Larvenstadium herauswachsen können.

Wie unser Leben anfangs auch gewesen sein mag, ob leicht oder schwer, es hat dem sich entfaltenden Selbstgefühl Schutz geboten. Mit zunehmendem Alter ist dein Bewusstsein von dir selbst als einem »Jemand« weiter gewachsen. Vielleicht hattest du das große Glück, liebevoll und zärtlich behütet zu werden, sodass sich dein Selbstgefühl leicht und natürlich entwickeln konnte.

Viele von uns wachsen weniger gut umsorgt auf, und auch darin liegt ein eigener, schrecklicher Segen. Wenn die Fürsorge fehlt oder zumindest nicht ausreicht, löst die bittere Spur des Unbehagens, die unser wachsendes Selbstgefühl begleitet, das Gefühl bei uns aus, dass ein Loch da ist, wo eigentlich Ganzheit sein sollte. Vielleicht haben wir ein unergründliches Gefühl von Verletzlichkeit. Wir versuchen das Loch in uns durch alles Mögliche vorübergehend zu stopfen. Wir lernen, uns liebenswerter zu geben, mehr zu lernen, zäher zu sein, mit weniger auszukommen oder so zu tun, als sei alles bestens.

Die Löcher in unserem Kokon beweisen uns, dass wir irgendetwas brauchen, dass uns irgendetwas fehlt. Wir ziehen andere an oder fühlen uns zu anderen hingezogen, weil sie ein paar Fäden in einem Sicherheitsnetz bedeuten, dessen Fehlen ein unauslöschliches Gefühl der Leere in uns hinterlassen hat. Wir hoffen, dass diese anderen uns das zurückgeben, was uns fehlt. Und in harmonischen Phasen fühlen wir uns auch wieder heil und ganz, aber das Mangelgefühl in uns pocht darauf, dass nichts und niemand die Leere auf Dauer füllen kann.

Wenn wir uns fest vornehmen, diese Leere nicht länger als schmerzlich zu empfinden, nicht länger dagegen anzukämpfen, sie nicht mehr zu dramatisieren oder mit angenehmen Dingen zu füllen, erweist sie sich als direkter Weg zur unmittelbaren Erfahrung der vorhandenen Ganzheit. Die Leere, die wir spüren, kann uns dazu aufrufen, uns tiefer der reinen Selbsterforschung zu widmen. Sie kann die Unbeständigkeit des Ich offenlegen, das angeblich Schutz und Erfüllung braucht. Wenn wir die Leere unmittelbar erfahren, ist sie ein offenes Fenster zur Selbsterkenntnis.

Es spielt also keine Rolle, ob die neun Monate unserer Entstehung im Mutterleib und die ersten Lebensjahre – unser Kokon – zuträglich oder abträglich für uns waren, denn im Vergleich zu der späteren Störung haben wir in relativer Harmonie gelebt. Am Ende unserer ersten Verpuppungsphase, nach Ablauf unserer Zeit im Mutterleib, in dem wir uns geborgen fühlten, platzte die Plazenta. Der Ansturm der Hormone in der Pubertät beendete, was immer an Kindheit wir erlebt hatten. Die Realitäten des Erwachsenseins setzten den Idealisierungen unserer Jugend ein Ende. Das Alter oder körperliche Gebrechen heben unser Gefühl von einem unverwüstlichen Selbst auf. Und wenn wir aus der Perspektive der Gegenwart zurückblicken, sehen wir, dass jede Phase ihre Schutzhüllen hatte, die von der darauffolgenden Phase zerstört wurden.

Haben wir denn etwas daraus gelernt? Im Allgemeinen nicht, obgleich sich ein Quäntchen Weisheit hier und da entlang des Weges bemerkbar machte. Meist wehrten wir uns gegen jede Störung und sehnten uns nach dem Verlorenen. Meist waren wir überrascht oder sogar beleidigt, wenn eine Veränderung eintrat. Können wir überhaupt lernen? Gewiss, und es wird höchste Zeit. Mit allen Umbrüchen können wir fertig werden. Statt uns nach dem zurückzusehnen, was vergangen ist, können wir prüfen, was wir verloren haben, uns dem öffnen, was als Nächstes kommt, und den Schmerz, den jeder Übergang mit sich bringt, ertragen.

Damit will ich nicht zu Einfalt oder New-Age-Naivität raten. Globale Umbrüche verlangen das höchste Maß an Aufmerksamkeit, und viele unserer persönlichen Störungen ebenfalls. Es besteht immer die Möglichkeit, dass alles Gute durch irgendeine Störung oder einen Umbruch verloren geht, sei es die Zeit im Mutterleib oder ein ganzes Zeitalter. Störungen und Umbrüche sind häufig unendlich komplex und treten auf vielen Ebenen auf, wogegen die relative Harmonie, die vorher herrschte, geradezu einfach erscheint. Es kommt darauf an, sich klarzumachen, dass alle Harmonie in Wachstums- und Entwicklungszyklen provisorisch ist und irgendwann vergeht. Die Harmonie und die Umbrüche sind Teile eines größeren Ganzen.

Sobald wir nicht länger vergangene Stadien beklagen oder uns gegen neu anbrechende Phasen auflehnen, besitzen wir die nötige Reife, um das zu entdecken, was bei dem Umbruch nicht verloren gegangen ist. In dieser Entdeckung offenbart sich eine tiefere innere Harmonie. Sie wird nicht vermehrt durch relative Harmonie und nicht vermindert durch die Störung der relativen Harmonie, denn sie ist absolut.

Die Unreife der Familie in unserer Lehrgeschichte spiegelt unsere eigene Unreife wider. Lehrgeschichten reflektieren immer etwas von uns selbst, wenn wir dafür bereit sind. Wir sehen, wie die Familie in einer Wohlstandsblase lebt und kaum vermutet, dass sich daran irgendetwas ändern könnte. Als die Wende eintritt, sehen wir, wie unreif – und doch wie normal – sie alle damit umgehen. Wir sehen, dass die Unreife das Leiden unter dem Verlust vergrößert.

Es ist unwahrscheinlich und unnötig, dass wir uns, wenn Harmonie herrscht, sogleich an deren flüchtige Natur erinnern. Es ist nur natürlich und ratsam, ganz in der Harmonie zu ruhen, sich vollkommen von ihr erfüllen zu lassen und nicht an eine Zukunft zu denken, in der sie verschwunden sein könnte. Eine Störung der Harmonie ist Zeichen genug, um uns bewusst zu machen, dass sie nun einmal nicht ewig währt. Die Störung ist die Dharmaglocke, die uns zur Hingabe aufruft. Denn wenn wir uns der Störung ebenso hingeben wie zuvor der Harmonie, wird unser Schmerz über den Verlust nicht in Leiden ausarten. Wenn wir erkennen, wozu das Anhaften an etwas, das vergangen ist, führt, können wir einfach mit dem Anhaften aufhören.

Weiterführende Fragen

Die im Folgenden aufgeführten Fragen dienen dazu nachzuforschen, wie Zeiten voller Harmonie mit Zeiten gestörter Harmonie von Natur aus im Leben wechseln. Die Fragen können helfen, dir die Harmonie bewusst zu machen, während sie da ist, und dir darüber hinaus die tiefere Harmonie bewusst zu machen, mit der du Störungen auf eine Weise begegnen kannst, die dein inneres Wachstum fördert.

1. Bist du dir jemals des Zustands kurz vor dem Erwachen aus einem erholsamen Schlaf bewusst geworden? Wo erfährst du diesen vorwachen Zustand?
2. Kannst du dich an eine Zeit in der Vergangenheit oder Gegenwart erinnern, in der du einfach gedankenlos dahingesegelt bist und die Menschen in deiner Umgebung überhaupt nicht oder nur als Nebenfiguren in deiner Geschichte wahrgenommen hast?
3. Sind mit dieser Zeit bestimmte Gefühle verbunden?
4. Wenn ja, kannst du die Gefühle direkt, ohne irgendeine Geschichte um sie herum, erfahren? Kannst du sie in deinem Körper lokalisieren? Lass deine Aufmerksamkeit jedes Gefühl, das dir gerade bewusst wird, einfach als Energie oder Schwingung durchdringen, ohne es zu beurteilen oder abzulehnen. Was offenbart sich da?

6

Schicksalsschläge

Jeder Schock im Leben trägt sowohl den Keim zu kräftigem Wachstum wie auch die Saat der Selbstzerstörung in sich. Ein Schock wird meistens von einer unerwünschten Veränderung der Umstände und einem damit verbundenen Verlust ausgelöst. Selbst wenn ein Schock auf einen scheinbaren Gewinn folgt (z. B. einen Lottogewinn), hat er einen Verlust an vertrautem Boden oder an Identität zur Folge. Ist der Schock ausschließlich negativ, führt er oft dazu, dass sich die betroffene Person mit der Opferrolle identifiziert und ein überwältigendes Gefühl von Ungerechtigkeit empfindet. Andererseits kann ein Schock aber auch jäh das innere Wachstum anschieben.

Zwar nisten sich unter Umständen Ärger und Zynismus ein und werden, wie in der Lehrgeschichte und meiner Lebensgeschichte, zu unserer Weltanschauung, aber ebenso gut kann der Schock auch der Anlass dafür sein, früher behauptete Ansprüche voller Demut aufzugeben. Geistige Demut ist entscheidend für die spirituelle Einsicht. Tiefere Einsicht eröffnet uns die Möglichkeit, vollständiger und freier, ohne die Last der Selbstüberhebung, an der Welt teilzuhaben. Mit Einsicht entwickeln wir ganz von selbst einen klaren Blick für die Realitäten des Lebens.

Jeden Tag ereignen sich entsetzliche Schicksalsschläge überall auf der Welt. Es gibt die Schrecken des Völkermordes, die brutale Diskriminierung Einzelner und ganzer Volksgruppen und die Vernichtung von Besitz und unschuldigem Leben durch Naturkatastrophen. Es gibt das ganze Spektrum von Leiden, das durch die Tyrannei mancher Regierungen, Revolutionen, Ideologien oder Wirtschaftssysteme verursacht wird. Als einzelne Menschen fühlen wir uns oft hilflos angesichts des Ausmaßes lokaler und globaler Zerstörung. Und in vieler Hinsicht sind wir auch hilflos.

Unser eigenes Leid wirkt vielleicht banal im Vergleich zum Leid so vieler anderer. Wenn wir allein die Gräuel unserer eigenen Zeit betrachten und sie zu Recht beklagen – den Holocaust, die Folter und Ermordung großer Teile der Bevölkerung in Darfur, im Kongo, in Kambodscha, Ruanda, Bosnien, der Kurden sowie anderer verfolgter Gruppen und zahlloser Einzelpersonen –, finden wir sicherlich unseren eigenen Schmerz banal. Schon der Gedanke an unser bisschen Leid erscheint uns dann wahrscheinlich egoistisch, und wir glauben vielleicht, dass unser eigenes Leid nicht ganz legitim ist. Manche Religionen und soziale Bewegungen lehren uns, unserem eigenen Leid keine Beachtung zu schenken und lieber anderen beizustehen, die Hilfe bitter nötig haben, oder uns um das Wohlergehen der Gemeinschaft zu kümmern. Dabei hält uns letztlich die Last unseres eigenen individuellen Leidens, gleich wie groß es ist, davon ab, anderen nachdrücklich und umfassend zu helfen.

Wenn wir leiden, ob »zu Recht« oder »zu Unrecht«, sind unsere Energien und unsere Aufmerksamkeit bis zu einem gewissen Grad in diesem Leid gebunden. Erst die Bereitwilligkeit, die Wahrheit unseres eigenen Leidens auszusprechen und uns ihr zu stellen, setzt Energie und Aufmerksamkeit frei. Vor dieser Befreiung sind all unsere Aktivitäten ein Stück weit von der Ablenkung geprägt, die ihre Ursache darin hat, dass wir unser Leid verleugnen oder uns darin suhlen. Wir arbeiten für den Frieden, während wir uns innerlich im Kriegszustand befinden, und darum ist unsere Friedensarbeit von Krieg gefärbt. Wir bieten unsere Hilfe an, obwohl wir selbst Hilfe brauchen, und die Hilfe, die wir leisten, orientiert sich an unseren eigenen Bedürfnissen. Hier sind wir aufgefordert, Abstand zu nehmen von Vergleichen, wessen Schmerz größer oder »realer« ist, und einfach nur unsere eigene Erfahrung zu erforschen. Im vorliegenden Buch bilden die Lehrgeschichte und meine Geschichte die Balken der Plattform, von der diese Selbstergründung getragen werden kann.

Die Geburt meiner kleinen Schwester schreckte mich aus meinem gedankenlosen, harmonischen Dasein auf. Ehe sie geboren war, hatte ich die sichere Rolle des gehätschelten kleinen Mädchens innegehabt. Mein älterer Bruder, der Kronprinz und Stammhalter der Familie, war der Star, aber ich als Nesthäkchen spürte seinen Schutz und die Liebe meiner Eltern. Mit dieser scheinbar permanenten Sicherheit war es plötzlich vorbei, als meine Schwester geboren wurde. Ich war sechs Jahre alt und bekam genau mit, dass meine Mutter schwanger war und dass bald ein neues Baby im Haus sein würde. Aber als es endlich so weit war, wurde mir klar, dass dieses neue, süße, liebenswerte Wesen nichts Gutes für mich bedeutete. Zum ersten Mal im Leben kam mir zu Bewusstsein, dass die veränderten Umstände mein Wohlbefinden beeinträchtigen konnten. Ich wusste nicht, was ich fürchtete, aber ich wusste, dass ich nicht länger in einer freundlichen Welt lebte. Da war ein anderes Geschöpf, das mich aus der Mitte des Universums verdrängte, und das gefiel mir ganz und gar nicht. Im Haushalt drehte sich auf einmal alles bloß um die Bedürfnisse des Babys, und ich fühlte mich – ob zu Recht oder Unrecht – aus dem Kreis der Liebe ausgeschlossen. Ich war fuchsteufelswild. Meine jähen Wutausbrüche sorgten aber nur dafür, dass ich bestraft und noch mehr in den Hintergrund gedrängt wurde. Ich spielte nur noch die beleidigte Leberwurst. Keine gute Strategie, um sich Zuneigung zu sichern!

Ich war immer ein dünnes Kind gewesen, aber in den Monaten nach der Geburt meiner kleinen Schwester magerte ich regelrecht ab. Ich hatte keinen Appetit. Wie sehr meine Eltern und sogar Mammy oder unsere Hausangestellte Susie, die mir in meinem Elend anfangs Trost zu spenden pflegte, auch mit mir zankten, ich konnte einfach meine Milch nicht trinken. Es drehte mir den Magen um. Am Ende wurde mir angedroht, mich ins *Preventorium* zu schicken. Das Preventorium war eine Institution neben dem TB-Sanatorium von Magee, Mississippi. Ursprünglich war es erbaut worden, um schwächliche Kinder vor der Tuberkulose zu bewahren, aber als ich dorthin geschickt wurde, diente es bereits allgemeineren Zwecken. Das war Ende der 1940er Jahre, als der Impfstoff gegen Polio noch nicht entwickelt worden war und die Angst vor Kinderlähmung Eltern wie Kinder verfolgte. Meine zwölf Jahre alte hübsche Cousine, ein ausgelassener Wildfang, musste in die Eiserne Lunge, nachdem sie sich mit einem besonders virulenten Polioerreger infiziert hatte. Das Preventorium war ein Heim, in dem anfällige Kinder mit gutem Essen versorgt wurden, sich oft an der frischen Luft aufhielten und sich viel bewegten, um ihre Gesundheit zu stärken. So hieß es jedenfalls. Wir Kinder sahen darin eher die Androhung von etwas Furchtbarem, so ähnlich wie die Androhung der Hölle, wenn man böse gewesen war.

Ich brachte trotzdem meine Milch nicht herunter und konnte auch meinen Teller nicht leer essen, sosehr ich mich auch bemühte. Schließlich machten meine Eltern ihre Drohung wahr und schickten mich ins Heim. Und es *war* die Hölle. Wir lebten in Schlafsälen und schliefen in Eisenbetten mit hohen Seitengittern. Ich hatte das Gefühl, keiner von uns wollte dort sein, auch wenn einige sich schnell anpassten. Ich jedenfalls nicht. Ich konnte noch immer meine Milch nicht trinken, und obendrein musste ich grauenhafte Bloomer-Shorts tragen. Obwohl erst sechs, war ich peinlich berührt, als ich hörte, dass wir im Sommer oben ohne gehen sollten. Ich betete, noch vor dem Sommer entlassen zu werden! Es war eine schreckliche Zeit für mich, die sich endlos zu dehnen schien, obgleich ich nur etwa drei Monate dort bleiben musste. Ich fühlte mich ausgestoßen, hatte keine Freundinnen, und das Essen war noch ungenießbarer als zu Hause. Ich weinte jede Nacht. Ich betete zu Jesus: »Müde bin ich, geh zur Ruh ...« Er war meine letzte Hoffnung.

Die Familie in unserer Lehrgeschichte reagiert, wie wir gesehen haben, auf eine ganz bestimmte Weise auf den Schicksalsschlag. Eine Schicksalswende kann sich allmählich vollziehen oder urplötzlich. In unserer Geschichte ist es ein jäher Schicksalsschlag, aber die Reaktionen darauf sind vorher schon im Stoff des Lebens sichtbar, der im Laufe der Zeit gewebt wurde. Aus der Rückschau erkennen wir, dass die Fäden aller Schicksalswenden bis in die ferne Vergangenheit zurückreichen und dann plötzlich zutage treten. Wie unsere Geschichte zeigt, hätte es keine Schicksalswende gegeben, wenn der Vater die Mutter in seine Vorsorgepläne eingeweiht hätte. Dieser eine Faden im Leben der Familie sorgte dafür, dass Fäden, die zuvor überwiegend glatt liefen, sich zu verwirren begannen.

In diesem und im nächsten Kapitel werden wir die ganze Familie wie in einem Schaukasten betrachten, in dem die jeweiligen persönlichen Reaktionen auf die negative Veränderung dargestellt sind. Wie bei allen Geschichten, die auf dich einwirken, bist du auch bei dieser eingeladen, in die Rolle der Figuren darin zu schlüpfen, als handle die Geschichte von dir. Du kannst dich an die Stelle jeder vorkommenden Person versetzen und schauen, wie sie dir passt. Alle Figuren aller Geschichten bieten Raum für uns. Am Ende finden wir uns selbst in allen Geschichten wieder.

Im Grunde muss jede Figur aus unserer Geschichte über eine Vielzahl von Eigenschaften verfügen. Bei einer jeden gibt es zumindest ein paar lichte Momente voller Brillanz, ebenso wie jede ihre dunklen Augenblicke hat. Jede kennt Wünsche und Frustrationen, Siege und Niederlagen. Wenn wir willens sind, einzusehen, wie ähnlich wir in emotionaler und mentaler Hinsicht strukturiert sind, erscheint uns die äußere Form dieser Strukturierung nicht mehr so fremd. Wir sprechen vielleicht nicht die gleiche Sprache, aber wir alle haben Triebe, Instinkte und Emotionen. Unsere Kultur mag völlig verschieden sein, aber wir sind alle

Menschen. Als Menschen sehnen wir uns nach Verbundenheit und Schutz. Wenn wir diese finden, herrschen Gelassenheit und Harmonie, wenn nicht, stehen wir am Scheideweg. Wenn aus Mangel an Verbundenheit oder Schutz Spannungen entstehen, ist von einer Eskalation des Konflikts (Krieg) bis hin zu immensem innerem Wachstum alles möglich.

Niemand will eine negative Veränderung, aber da so etwas nicht auszuschließen ist im Leben, ist es von größtem Nutzen, zum einen die üblicherweise dadurch ausgelösten Gefühle und zum andern die erstaunlichen Möglichkeiten wahrzunehmen, die sie bietet. Denn wir mögen uns zwar bei einer Schicksalswende ohnmächtig fühlen und verzweifelt sein, verfügen jedoch über ein zellulares Wissen aus Millionen Jahren evolutionärer Anpassung. Vielleicht wissen wir noch nicht, was wir in bestimmten Augenblicken tun sollen, aber ein integraler Bestandteil unserer angeborenen Intelligenz ist die Fähigkeit, neue Entdeckungen zu machen.

In unserer Geschichte ist der Schutz aufgehoben, und negativer Stress setzt ein. Wir sehen, dass die Familie normal reagiert; sie vergrößert ihr Leid noch durch den Schmerz über die Schicksalswende. Während wir beobachten, wie die Tragödie der Familie, die dem Negativen mit noch mehr Negativität begegnet, ihren Lauf nimmt, können wir auch aus unserer Perspektive des Lesers und Beobachters auf eine andere Möglichkeit stoßen. Die Wahl dieser Möglichkeit setzt die Bereitschaft voraus, den Schmerz des Verlusts zu erfahren und in dieser Erfahrung das zu entdecken, was von einem Schicksalsschlag unberührt bleibt. Dabei handelt es sich nicht unbedingt um die instinktiv richtige Wahl, ja nicht einmal um die normale Wahl. Und doch steht sie jedem offen.

Die Figuren unserer Geschichte denken allerdings überhaupt nicht daran, dass sie eine Wahl haben, und ich selbst habe als kleines Kind wahrscheinlich nicht einmal das Wort gekannt. Ich hatte keine Wahl; mir wurde einfach gesagt, was ich zu erwarten hätte, wenn ich meine Milch nicht trank. Und so geschah es dann auch. Da ich meine Milch wirklich nicht trinken konnte, blieb mir keine Wahlfreiheit. Indem wir uns in die Kopflosigkeit und Ohnmacht der einzelnen Figuren einfühlen, erkennen wir, inwiefern wir uns in unserer eigenen Geschichte ignorant und hilflos verhalten. Möge unsere Kopflosigkeit die in uns schlummernde Fähigkeit wecken, die Wahrheit der Wirklichkeit zu ertragen und die bewussten und unbewussten Entscheidungen zu erkennen, die wir im Erfahren der Wirklichkeit treffen. Mögen all diese Wahlmöglichkeiten unsere Aufmerksamkeit auf das Wesen der Wirklichkeit selbst lenken. Mögen wir alle dadurch die Wahrheit in unserem innersten Kern verwirklichen!

Um in die Rolle der Mutter aus unserer Geschichte zu schlüpfen, brauchst du keinen Abstand von deiner eigenen Persönlichkeit oder deinen gewohnten Reaktionen zu nehmen. Die Geschichte ist so einfach erzählt, dass sie reichlich Spielraum lässt, dich selbst, so wie du dich siehst, in der Mutter wiederzufinden. Du kannst weiter du selbst sein mit deinen besonderen Vorlieben und Abneigungen, Begabungen und Schwächen, während du dich in diese Frau und Mutter versetzt.

Kannst du dir vorstellen, die Frau vor der Schicksalswende zu sein? Ohne genauer zu wissen, *wie* für dich
gesorgt ist, nur *dass* du versorgt bist und ein behagliches
Leben hast? Ebenso wie wir die Eigenschaften von Sauerstoff nicht zu kennen oder auch nur zu wissen brauchen,
dass es so etwas überhaupt gibt, um damit versorgt zu
werden, brauchen wir auch nicht unbedingt in allen Einzelheiten oder überhaupt zu wissen, womit in anderen Bereichen für uns gesorgt ist. Da die Mutter schon einige
Jahre lang ein komfortables Leben genießen konnte, das
nur dann und wann geringfügige Schwankungen aufwies,
die ihr nie erklärt wurden, hat sie bestimmt ein Gefühl von
Sicherheit, ob bewusst oder unbewusst.

Selbst wenn sie ein überängstlicher Mensch ist, haben
ihre Ängste in unserer Geschichte zunächst mit Unbedeu-
tenderem als mit dem Thema einer Grundversorgung oder
dem Recht auf Atemluft zu tun. Beziehen sich in deiner
eigenen Geschichte deine Ängste darauf, ob du genügend
Sauerstoff oder Wasser hast, oder sind sie, im Vergleich betrachtet, eher trivial und *erscheinen* nur wesentlich? Wenn
ja, kannst du in der Ehefrau und Mutter der Geschichte
dich selbst erkennen. Als Ehefrau und Mutter weißt du,
dass manchmal dein Mann oder deine Kinder krank sind
oder du selbst erkrankst, dass der Haushalt nicht so or-
dentlich ist, wie du es gern hättest, und dass dich dein
Mann und deine Kinder ab und zu nerven. Manchmal
träumst du vielleicht sogar von einem spannenderen Leben. Doch welche natürlichen Freuden und Leiden sich
auch bisweilen einstellen mögen, die Sicherheit, Essen im
Überfluss, ein Dach über dem Kopf und gute Zukunfts-
chancen für deine Familie zu haben, ist immer da. Du hast

das Glück und die Muße, dich mit den kleineren Details des Lebens befassen zu können. Und dann ändert sich plötzlich alles.

In unserer Geschichte dauert es einige Zeit, bis die Realität der Veränderung überhaupt begriffen wird. Die Ehefrau und Mutter ist schon so lange daran gewöhnt, gut versorgt zu sein, dass sie den Umbruch gar nicht recht zur Kenntnis nimmt. Wir alle verfügen über die Fähigkeit, einen eingetretenen Verlust anfangs nicht wahrhaben zu wollen. Die Frau denkt sich die verschiedensten Erklärungen für das Ausbleiben des Mannes aus; sie macht sich Sorgen über eine mögliche Erkrankung des Ehemanns. Wie würdest du reagieren? Was würdest du dir einreden? Wie hast du reagiert, als deine Welt einmal urplötzlich, ohne dein Zutun, aus den Fugen geriet?

Ohne Vorwarnung, ohne Grund und ohne eine Möglichkeit der Erklärung bricht deine Welt zusammen. Der Versorger kehrt nicht von da zurück, wo er die Mittel für den Lebensunterhalt verdient. (Als würde die Luft, die du atmest, deine physischen Bedürfnisse nicht mehr befriedigen.) An diesem Punkt der Geschichte geht dir auf, wie deine erste Reaktion auf diese gewaltige Veränderung aussieht.

Irgendwann bei einer Schicksalswende werden wir uns der Panik hinter der Sorge bewusst. Wie lange es dauert, bis das Gefühl von Verlust und Verletzlichkeit einsetzt, ist von Mensch zu Mensch verschieden, aber irgendwann erkennen wir, dass die Quelle der früheren Sicherheit nicht mehr da ist. Wenn in deiner Version von Frau und Partner auch noch wirkliche Liebe eine Rolle spielt, dann vertieft das plötzliche, unerklärliche Ausbleiben des Mannes den Schmerz der Einsamkeit noch und fügt ihm eine Geschichte des Verlassenwerdens hinzu.

Alle diese Reaktionen sind völlig normal, und es ist nichts daran auszusetzen. Eine Frau, die von ihrem Partner abhängig und ihm womöglich innig verbunden ist, macht sich natürlich Sorgen und vermisst ihn, wenn er unerklärlicherweise ausbleibt. Da Menschen soziale, wechselseitig voneinander abhängige Wesen sind, ist der Schmerz bei Verlust ganz natürlich und bei allen in Gruppen lebenden Geschöpfen zu finden. Es gibt keinen Grund zu der Annahme, dass sich dieser Schmerz nicht einstellt oder nicht einstellen sollte. Wir sind auf vielfältigste Weise miteinander verbunden, und wenn sich diese Verbindungen auflösen, tut das weh. Aber nicht der natürliche Schmerz, der mit schweren Verlusten einhergeht, verursacht unser Leid. Erst das, was wir aus dem natürlichen Schmerz machen, beschwört unnötiges Leiden herauf.

Ich selbst hatte in meiner Geschichte das Gefühl, verbannt worden zu sein, während die übrige Familie zusammen glücklich war. Dass ich vor meiner Verbannung schon unglücklich gewesen war, trug nicht zur Linderung meines Leids bei, denn auch im Unglück hatte ich mich noch beschützt gefühlt. Jetzt fühlte ich mich zum ersten Mal allein gelassen und verletzlich. Ich war angsterfüllt, wütend und traurig. Und hatte allen Grund dazu. Mehr wusste ich nicht. Ich hatte noch nicht die geistige Reife, herauszufinden, wie ich das Beste aus der trostlosen Situation machen konnte, was einige andere Kinder durchaus schafften. Den Rat zu befolgen, mir den Schmerz des Verlusts noch inten-

siver zu vergegenwärtigen, als ich ihn ohnehin schon empfand, hätte mich nur noch mehr geängstigt. Mein Nerven-
kostüm war bereits überlastet, und ich sah keinen Ausweg
vor mir. Ich war ein Kind und brauchte wie alle Kinder in
Verlustsituationen Trost. Oder etwa nicht? Vielleicht ist es
hilfreicher, sich klarzumachen, dass diese schreckliche Zeit
den Boden bereitete für das Gute, das darauf folgte.

Wie immer ich diese Zeit aus der Rückschau auch beur-
teile, damals im Preventorium war sie schlimm für mich,
und ich war ein Häufchen Elend. Ich nehme an, es wäre in
jedem Fall eine unangenehme Erfahrung gewesen, ganz
egal, wie ich geistig damit umgegangen wäre. Was die
Sache noch schlimmer machte, waren die Schlüsse, die ich
daraus zog, und die Standhaftigkeit, mit der ich an diesen
Schlüssen festhielt. Meine Erkenntnis, wie ich selbst mein
Leid vergrößert habe, soll kein Schuldeingeständnis sein.
Ich wusste damals nicht, was ich anrichtete. Ich wusste es
nicht besser, heute bin ich klüger.

Untersuchen wir jetzt, wie es ist, in der Haut der anderen
Familienmitglieder zu stecken. Vielleicht haben die Kinder
die Abwesenheit des Vaters zu Anfang gar nicht bemerkt.
Aus den dürren Fakten der Geschichte geht nur hervor,
dass er oft geschäftlich unterwegs war. Wir wissen aber
nicht, was für ein Vater er war, wenn er da war. Du kannst
dir also an seiner statt getrost deinen eigenen Vater vorstellen. Auch wenn dein Vater nur seinen Samen beigetragen
hat und gleich nach deiner Geburt verschwunden ist,
kannst du diesen Beitrag würdigen und dir dann – falls
kein Stiefvater in dein Leben trat – das Verlassenwerden
vergegenwärtigen.

Ob dein Vater eine Nebenrolle gespielt hat oder als Quelle von Liebe und Unterstützung im Vordergrund stand, ob er ein kalter, unerbittlicher Zuchtmeister war oder ob er gut oder schlecht für die Familie gesorgt hat – mit seinem Verschwinden fehlt derjenige, der ein gewisses Maß an Sicherheit geboten hat. Gleichzeitig wird dir bewusst, dass deine Mutter voller Unruhe und Sorge ist, und gelegentlich ertappst du sie beim Weinen. Was geschieht, wenn das, was unseren Lebenserhalt gesichert hat, nicht länger da ist? Was empfindest du, wenn du, während du dich an die Stelle der Kinder in unserer Geschichte versetzt, schließlich erkennst, dass die entscheidende Quelle für die Geborgenheit fehlt?

Für diejenigen, denen der Vater ein Hort der Liebe und Fürsorge war, die ihren Vater liebten und von ihm Liebe empfingen, sind seine Abwesenheit und die Trübsal der Mutter traumatische Erlebnisse. Ebenso wie naturverbundene Menschen den Verlust eines grundlegenden Bestandteils der Natur beklagen würden, beklagen wir den Verlust dessen, der uns erhält. Wer vorbehaltlose Liebe erfahren hat und dann die Katastrophe erlebt, dass sie nicht mehr zur Verfügung steht, kennt mit Sicherheit die Leere, die im Herzen zurückbleibt. Wenn du eine solche Liebe zu einem wirklichen oder vorgestellten Vater nicht nachempfinden kannst, dann versuch einfach, dir vorzustellen, dass die Sonne erloschen ist. Du hast schon vorher trübe Tage erlebt, aber diesmal ist es anders. Mit jedem Tag, der vergeht, wird dir das Herz schwerer, denn es wird immer deutlicher, dass die Sonne nicht nur hinter Wolken verborgen, sondern ein für alle Mal erloschen ist.

Die Mutter und die Kinder verließen sich ganz auf den Vater, der für ihren Lebensunterhalt sorgte, und mussten plötzlich jeder auf seine Weise (und du auf deine Weise, wenn du in die Geschichte eintrittst) damit fertigwerden, unversorgt zu sein – aber was ist mit dem Vater? Versetze dich an seine Stelle während der letzten Augenblicke seines Lebens. Auch er war einmal jung und hatte gute, schlechte oder indifferente Eltern. Auch er hat bestimmte Erfahrungen in seiner Kindheit und Jugend und als Erwachsener gesammelt. Wir wissen, dass er geheiratet hat, aber wie stand es um sein Innenleben und seine äußeren Lebensumstände vor seiner Heirat? Nach allem, was wir wissen, lebte er als verantwortungsbewusster Mensch, tat seine Pflicht und sorgte für die Gegenwart und für die Zukunft. War er vielleicht ein verhinderter Dichter, ein Philosoph, ein Genie? Tanzte er gern? Machte er Spaziergänge in aller Herrgottsfrühe? Wir wissen, dass er in den letzten Stunden und Minuten seines Lebens das Opfer eines religiösen Mobs wurde, aber war er aus einem tiefen spirituellen Bedürfnis heraus dorthin gegangen, oder handelte es sich nur um einen unglücklichen Zufall? Es gibt so viele Details in einem Leben, die wir nie erfahren werden!

Wann in dieser Tragödie wird ihm klar, dass er keine Zukunft mehr hat? Vielleicht bleibt ihm nur eine Sekunde dazu, aber da unsere Geschichte so flexibel angelegt ist, dass wir darin Platz finden, können wir diesen Augenblick in die Länge und Breite ausdehnen, sodass er wesentliche Fakten seines Lebens einschließt. Worum ging es in seinem Leben? Was bereut er? Gibt es etwas, das zurückgehalten wurde und noch weitergegeben werden sollte? Wir wissen, dass er seine Familie über seine Vorsorge für die Zukunft hätte informieren sollen, aber was ist mit seinem innersten Kern? Was kann er uns in seinen letzten Momenten von seinem wahren Selbst erzählen? Was ist ihm wirklich wichtig gewesen in und an seinem Leben? Welche letzten Worte würde er aus der Ferne seiner Familie, seinen Eltern, seiner Welt und seinen Göttern zurufen?

Wir können kaum wissen, was er vielleicht hätte sagen wollen, aber wir können uns in seine Lage versetzen und wissen, was *wir* sagen würden. Wir wissen mit Sicherheit, dass ihm keine Zeit mehr blieb, um Dinge zu regeln, die er vielleicht gern noch geregelt hätte, oder das zu sagen, was noch hätte gesagt werden müssen. Diesen Zeitmangel zu kennen, ist unser großes Plus für die Zeit, die noch vor uns liegt.

Wenn du in die Haut des Vaters geschlüpft bist, was möchtest du jetzt, im Angesicht des Todes, deinen Lieben, die du zurücklässt, noch übermitteln? Was bleibt in diesem Moment, jetzt, selbst beim kleinen Tod des vergangenen Augenblicks, noch zu sagen? Warum legst du nicht gleich einmal das Buch beiseite, legst dich hin und veranschaulichst dir die Erfahrung, am Ende deiner Lebensgeschichte angekommen zu sein? Was erscheint vor deinem geistigen Auge, was bereust du, was hat dir Befriedigung bereitet, und wo bist du selbst? Was ist dein Wesen?

Der zeitlose Ausspruch Buddhas, dass Leben Leiden ist, hätte keinen Sinn, wenn Veränderung nicht der wichtigste Bestandteil des Stoffes wäre, aus dem das Leben besteht. Der Stoff, aus dem wir sind, ist nicht auf das Materielle beschränkt, wozu der Körper gehört, sondern schließt auch unsere Beziehungen, unsere Gefühle und Ideen und jeden

Aspekt unserer Welt ein. Um die Krankheit des Leidens aufzuheben, empfahl Buddha das Heilmittel des Nichtanhaftens. Tatsächlich gibt es solche, die nicht an ihrer Welt festhalten und die folglich nicht leiden. Sind dann alle, die ihrer Welt verhaftet sind, zu einem Leben des Leidens verdammt? Nein. Das unmittelbare Erforschen und Eindringen in das Wesen des Leidens ist ein ebenso wirksames Heilmittel.

Das Heilmittel des Nichtanhaftens erfordert strenge Disziplin. Auch das Heilmittel der Selbstergründung verlangt eine gewisse Strenge. Es ist die strenge Entschlossenheit, die Wahrheit einer Sache zu ergründen – den Ich-Gedanken, ein Gefühl, eine Emotion, etwas anderes –, ohne bei der Suche auf irgendeine Definition zurückzugreifen. Wir wissen, dass wir Schmerzen leiden, und wenn wir willens sind, weder das Leiden noch die Schmerzen oder uns selbst zu definieren, stoßen wir auf das Wesen – den innersten Kern – dieses Leidens, dieser Schmerzen, dieses Ich. Auch dem Leiden, das mit Schicksalsschlägen kommt, können wir begegnen, und wenn wir uns voll und ganz bewusst auf dieses Leiden einlassen, ist es keines mehr.

So zerstörerisch und unerwünscht manche Veränderungen auch sein mögen, so sind Veränderungen und Verluste doch oft ein wichtiger Anstoß zum Erwachen. Schicksalsschläge können uns so hart treffen, dass wir uns öffnen. Plötzlich sind wir gezwungen, über unseren früheren Lebenshorizont hinauszublicken. Selbst die Sehnsucht nach Erfüllung, Frieden und Erleuchtung stellt sich ein, weil unsere frühere Selbstzufriedenheit erschüttert ist. Wir können nicht länger die kindische Erwartung hegen, dass die Welt sich uns anpasst. Dieser weitere Horizont ist die Voraussetzung für ein ganz gelebtes Leben.

Theoretisch ist das leicht zu verstehen. Die Herausforderung, aus der schließlich ein ungeheuer wertvoller Gewinn resultiert, besteht darin, sich voll und ganz auf die unmittelbare Erfahrung einer unerwünschten Veränderung einzulassen. Hinabzutauchen in den Bauch des Untiers ist eine direktere und kraftvollere Erfahrung als das bloße Hinnehmen eines Verlusts. Je unmittelbarer die Erfahrung ist, umso weniger wird über sie nachgedacht. In einer offenen, bewussten, gedankenfreien Erfahrung ist es nur natürlich, das zu entdecken, was das Wesen von allem Gewinn und Verlust ausmacht. Notwendig dafür ist die Bereitschaft, sich dem Unbekannten zu öffnen, auch wenn es als vernichtend wahrgenommen wird. Du stellst dich dem Tod. Du zwingst ihn nieder.

Wenn wir bereit sind, einer Veränderung zu begegnen, so wie sie ist statt nach unseren eigenen Bedingungen, können wir den Schmerz des Verlusts empfinden, ohne dazu verdammt zu sein, unter diesem Schmerz zu *leiden*. Leiden entsteht erst als Teil einer Geschichte mit Helden und Schurken. Es setzt Widerstand gegen die Wirklichkeit, so wie sie ist, voraus, und zwar durch ein Denken, das sich an Erinnerungen oder Fantasievorstellungen festmacht, die beide auch wieder nur Geschichten darüber sind, wie die Realität sein sollte.

Tritt eine unerwünschte Veränderung in unserem Leben ein, haben wir – als Erwachsene – eine Wahl. Zwar haben wir die Veränderung und den Schmerz, den sie wahrscheinlich auslöst, kaum selbst gewählt, aber wir haben eine Wahl, was unsere Beziehung zum Schmerz angeht. Entgegen unserer Intuition werden wir feststellen, sobald wir uns geistig öffnen und uns dem Schmerz ohne jedes theatralische Gehabe hingeben, dass er vergänglich ist. Das Leiden am Verlust verfliegt, und es offenbart sich uns der Urgrund weiter, offener Bewusstheit.

Der Schock, den eine Veränderung auslöst, ob sie Gewinn oder Verlust bedeutet, ist ihr größtes Geschenk. In der Zeit, bevor wir die Erfahrung machen müssen, wie schnell sich alles ändern kann, haben wir meist ein latentes Anspruchsgefühl, was das Leben betrifft. Wie die Familie unserer Lehrgeschichte mäandern wir durchs Leben und freuen uns an der Fülle, die sich uns bietet, ohne recht zu bemerken, wie kostbar und flüchtig alles letztendlich ist.

Als Menschen des 21. Jahrhunderts werden wir ständig mit Botschaften bombardiert, was uns angeblich alles fehlt. Vielleicht tun diese Botschaften ihre Wirkung, etwa wenn wir sehen, dass andere mehr haben als wir. Das Fernsehen und Werbung aller Art bedienen sich dieser Tendenz und zehren davon. Erst wenn wir plötzlich nicht mehr genug zu essen und nicht mehr genügend Zeit hätten, um ein Buch zu lesen, würden wir erkennen, welch ein Segen unsere gegenwärtige Privilegiertheit im Grunde ist. Aber es liegt in der Natur des Menschen, dass er für selbstverständlich hält, was er hat, weil er glaubt, es stehe ihm zu, und wenn es plötzlich nicht mehr da ist, schmerzt ihn die radikale Veränderung tief. Dieses normale Gefühl kann zu unserem Sprungbrett in das Wesen des Leidens und von da aus in den Grund des Seins werden.

Veränderung ist die unbestreitbarste Tatsache in unserer Welt, und doch ist es die Tatsache, gegen die wir am häufigsten ankämpfen und unter der wir am meisten leiden.

Wir sehnen uns nach ihr, fürchten sie oder sind am Boden zerstört, wenn sie eintritt, aber selten begegnen wir ihr als der Tatsache, die sie ist. Alles, was sich bewegt, verändert sich. Alles, was geboren wird, verändert sich. Alles, was gedacht, gefühlt oder erfahren wird, verändert sich. Alle Ereignisse, alle Ansichten, alle Kämpfe und alle Pläne, kurz: *Alles* verändert sich.

Unter Umständen werden wir nie damit konfrontiert, *alles* zu verlieren, aber wir wissen trotzdem, dass schon der Verlust von *irgendetwas* Schmerzen und Leid erzeugen kann. Wir müssen uns von ersetzbaren Dingen trennen, die wir lieben, und beklagen ihren Verlust; wir verlieren unseren Platz in einer Schlange und sind wütend. Unser Kandidat verliert die Wahl, und wir reden lautstark von Unrecht. Diese Liste lässt sich beliebig fortsetzen. Statt nun schnell mit Werturteilen über die Oberflächlichkeit unserer Klagen bei der Hand zu sein, sollten wir uns lieber mit dem Schmerz auseinandersetzen, den der geringfügigste wie der schwerste Verlust auslöst. Auf diese Weise können sowohl unsere neurotischen Verlustängste als auch unsere echten und schweren Verluste dazu dienen, uns zu erwecken.

Eine Schicksalswende wird auf die eine oder andere Art bei jedem von uns eintreten. Dank des Mysteriums von Glück und Gunst können wir uns damit abfinden. Wir mögen zwar trauern um das, was wir verloren haben, aber wir sind nicht am Boden zerstört. Wir passen uns an die veränderten Zustände an und nehmen mit offenem Geist die nährende Kraft und die Schönheit in uns auf, die noch da sind. Vielleicht gibt es andere, positive Veränderungen, die einen Gewinn für uns darstellen, sodass unsere Aufmerksamkeit vorübergehend von dem abgezogen wird, was wir verloren haben. Vielleicht erkennen wir auch, dass Veränderung einfach zum Leben dazugehört, und sind reif genug, uns nicht unnötig mit dem zu beschäftigen, was wir nicht mehr haben.

Jeder von uns, egal welchen Alters, hat schon einmal die Erfahrung eines Verlusts gemacht, mit dem eine vorübergehende oder dauerhafte Beeinträchtigung seines Wohlergehens verbunden war. Eine akute oder chronische Krankheit oder Behinderung ist ein guter Lehrmeister, was die Unbarmherzigkeit einer Veränderung angeht. Wir wehren uns normalerweise gegen die Veränderung und freuen uns, wenn unsere Psyche und unser Körper wieder den früheren Zustand erreicht haben, und wenn nicht, passen wir uns irgendwie an.

Manche Veränderungen lassen sich nicht so leicht in den Fluss des Lebens integrieren. Bei schwerwiegenden Veränderungen haben wir mitunter das Gefühl, als hätte unser Leben seinen Sinn verloren oder als sei unsere ursprüngliche Lebenskraft für immer dahin. Wenn du einen geliebten Menschen verloren oder den Schrecken irgendeiner Art von Krieg erlebt hast, egal ob du angegriffen wurdest oder Angreifer warst, wenn du gehasst oder in irgendeiner Weise missbraucht worden bist, kann sich das so anfühlen, als sei ein großer Teil aus dir selbst herausgerissen worden. Es kann sich so anfühlen, als hätte der Schmerz ein Loch in das Gewebe deines Seins gerissen, durch das deine Lebenskraft aus dir hinausfließt. Weiterleben zu müssen kann als zusätzliche Qual erfahren werden.

Ungeachtet seiner Ursache kann der Schmerz, den ein Verlust mit sich bringt, alles beherrschend sein. Wie viel

Zeit wir auch damit verbringen mögen, den Schmerz zu vermeiden oder durch vielerlei Aktivitäten zu überdecken, verfolgen uns die diffusen und konkreten Schmerzen oft noch lange. Wie vernünftig wir eine Veränderung oder einen Verlust auch begründen mögen, der Schmerz über die Tatsache des Verlusts kann sich hartnäckig halten. Ganz gleich, wie viele alternative Universen wir uns vorstellen mögen, wo nichts Derartiges geschehen ist, verfolgt er uns in immer neuen Attacken, solange wir ihn nicht so akzeptieren, wie er ist. In unseren Träumen und Erinnerungen ergreift er immer wieder Besitz von uns. Ob wir uns mit ihm beschäftigen oder vor ihm flüchten, er führt die Regie, und wir glauben schließlich, dass er unser Herr ist.

Aber das trifft nicht zu. Wenn wir uns – ohne uns gegen den Verlust zu wehren und ohne zu hoffen, das, was verloren war, wiederzugewinnen – ganz darauf einlassen, wird uns auf überraschend einfache Weise klar, dass der Schmerz über den Verlust völlig substanzlos ist. Um dem Verlust nackt zu begegnen, müssen wir nur unsere Aufmerksamkeit von der Verlustgeschichte abziehen. Die Geschichte, die wir über unseren Verlust erzählen – selbst wenn sie sich im Lauf der Zeit verändert oder sogar auch die Vorteile zeigt, die der Verlust mit sich gebracht hat –, dient nur dazu, das Verlustgefühl aufrechtzuerhalten.

Nur wenn wir unseren Geist bereitwillig öffnen und bewusst in den Schmerz hineingehen, erkennen wir seine Substanzlosigkeit. Vielleicht schlummern andere Gefühle unter dem ursprünglichen Schmerz, oder wir erfahren die Weite des offenen Geistes, aber der an die Verlustgeschichte geknüpfte jeweilige Schmerz hat keine Überlebenschance, wenn wir ihm direkt begegnen.

Was bewirken tröstende Worte letztlich Gutes, wenn du das tiefgehende Gefühl hast, etwas Wesentliches im Leben verloren zu haben? Wenn du noch ein Kind bist, können die Trostworte dir vorübergehend Geborgenheit bieten, aber für einen Erwachsenen sind sie oft nur Schall und Rauch. In der Meditation finden wir vielleicht Zeiten der Erleichterung, doch unsere Verlustgeschichte setzt sich fort, sobald wir die Übung beenden, und dann leiden wir wieder. Unsere Weltanschauung und unsere Freunde können uns helfen, die richtige Perspektive zu finden, aber wo sind sie, wenn uns um vier Uhr in der Frühe der Dämon heimsucht?

Selbsthilfegruppen und Therapien können uns die Augen für Leidensmuster öffnen und dazu beitragen, diese Muster aufzulösen. Aber wir sollten nicht glauben, dass uns die Verarbeitung *eines* Schicksalsschlages gegen zukünftige Verluste immunisiert. Solange wir nicht auf unsere Fähigkeit zurückgreifen, uns dem Schmerz direkt zu öffnen, werden wir unter der nächsten großen Veränderung, dem nächsten harten Verlust sogar noch schwerer leiden. Dann werden wir womöglich noch vorsichtiger und misstrauischer werden und noch mehr auf der Hut sein, und das alles in dem vergeblichen Bemühen, zukünftigem Ungemach, das uns Herzeleid bereiten könnte, vorzubeugen.

Denn worum es hier geht, ist Herzeleid. Wir empfinden natürlich keinen Schmerz, wenn wir uns von Dingen und Situationen trennen müssen, die wir nicht lieben. Bei Krankheit, negativen Emotionen oder in Missbrauchsverhältnissen begrüßen wir deren Veränderungen oder Verluste durchaus. Dann wünschen wir uns positive Veränderungen und leiden, wenn sie nicht schnell genug eintreten.

Egal, ob wir Veränderungen begrüßen oder uns gegen sie sträuben und die Verluste beklagen, die sie mit sich bringen, sind wir mit unserem Denken und Verhalten in einen unaufhörlichen, sinnlosen Kampf verwickelt. Bei der Sisyphusarbeit, unser Leben unter Kontrolle zu bringen, erschöpfen wir uns mental und spirituell immer mehr.

Und die Wogen des Lebens rollen über uns hinweg.

Rein theoretisch können wir annehmen, dass alles perfekt ist, dass Gott keine Fehler macht oder dass unser Schicksal vom Karma bestimmt wird. Wir können davon überzeugt sein, nur Gutes anzuziehen, solange wir nur intensiv genug daran denken, nur Gutes anzuziehen. Oder, wie hier vorgeschlagen, wir begegnen dem, was in unseren Erfahrungsbereich tritt, ohne uns auf Annahmen oder Überzeugungen zu stützen. Wir können das, was gegenwärtig da ist, unmittelbar ergründen, ohne festzulegen, ob das, was wir in diesem Augenblick erleben, gut, schlecht oder perfekt ist, ob es Karma ist und uns keine Wahl lässt oder ob es reine Illusion ist. Wenn wir das Bedürfnis, jede Erfahrung sogleich einzuordnen, auch nur einen Moment lang aufgeben, können wir in sie *hinein*tauchen, um sie zu erforschen. Wir können die Kraft unserer Aufmerksamkeit nutzen, um uns tiefer in den Zustand oder das Gefühl hineinzuversetzen, das wir zu beherrschen oder zu vermeiden versuchen.

Dadurch kommen wir zu innerer Einsicht, zu einem Verständnis von innen her. Wenn wir bereit sind, uns nicht gleich festzulegen, worum es sich bei einem bestimmten Gefühl eigentlich handelt, haben wir die Chance, ihm auf den Grund zu gehen. Die Neugier auf das Unbekannte kommt von ganz allein, wenn wir aufhören, uns Vermeidungsstrategien auszudenken. Das unmittelbare Ergründen führt sowohl zu sofortiger Einsicht als auch zu nachhaltigem Verständnis.

Unserer Erziehung und unserer gewohnten Denkweise entsprechend wollen wir immer zuerst wissen, was etwas ist, ehe wir entscheiden, was wir damit tun wollen. Das ist in unzähligen Situationen sicher richtig und zeitsparend. Wir brauchen das, was Generationen vor uns erarbeitet haben, nicht noch einmal zu erfinden. Als vernunftbegabte Wesen haben wir außergewöhnliche intellektuelle Fortschritte gemacht und umfangreiches Wissen auf allen Forschungsgebieten gesammelt. Wissenschaft und Technik haben unser Leben durch diszipliniertes, klares Denken und Forschen bereichert. Wir haben gelernt, dass es Grundrechte für Mensch und Tier gibt. Wir haben Techniken zur besseren Kommunikation, für besseres Management und für mehr Mitbestimmung entwickelt. Wir haben gelernt, was nötig ist, um bessere Lehrer und Schüler aus uns zu machen. Wir haben gelernt, dass Toleranz die Zusammenarbeit fördert. Wir haben erkannt, was unser zerstörerisches Konsumverhalten auf unserer Erde anrichten kann.

Doch wenn es um tiefen, persönlichen Schmerz geht, hilft uns all unser Wissen nicht weiter. Es ist die unmittelbare Erfahrung, genauer gesagt das *bewusste Nichtwissen*, das uns das Tor zu neuer Erkenntnis öffnet. Wir wissen schließlich, dass Veränderung für alle Lebensformen natürlich und unvermeidlich ist, aber wenn es sich um *unseren Schmerz* handelt, ist jedes abstrakte Wissen umsonst. Das Staunen über die Veränderungen, die sich seit Millionen Jahren vollziehen, die Kenntnis vom Auf und Ab politischer Bewegungen im Lauf der Geschichte oder der Überblick über die Entwicklung eines Kontinents, eines Staates oder einer Einzelperson helfen wenig, wenn man selbst von einer schicksalhaften Veränderung betroffen ist.

In unserer Geschichte kommt es zu einer solchen schicksalhaften Veränderung, und das Unglück scheint nicht aufzuhalten zu sein. Wie sehr es die Familienmitglieder gemeinsam oder einzeln auch zu leugnen versuchen, wie sehr sie sich auch dagegen sträuben und ihr Los beklagen, ihre Zukunft scheint ungesichert zu sein. Sie haben ihre Unschuld verloren. Und so süß die Unschuld auch sein mag, sie vorübergehend zu verlieren ist ausschlaggebend für Reife. Reife Unschuld bedeutet nicht, naive Ansprüche stellen zu dürfen. Sie stellt sich erst ein, wenn man voll und ganz durch das Feuer des Verlusts gegangen ist.

Weiterführende Fragen

Die folgenden Fragen sollen dir dabei helfen, jeden Restwiderstand gegen Veränderungen und Verluste in deinem Leben zu erkennen und dich unmittelbar mit ihm auseinanderzusetzen. Du beantwortest sie am besten spontan, ohne an deinen Antworten herumzufeilen. Es gibt keine »korrekten« Antworten, und die Antworten müssen nicht einmal faktisch der Wahrheit entsprechen, um relevant zu sein. Manchmal nützt es, mit einem Partner zusammenzuarbeiten und sich abwechselnd viele Male gegenseitig die Fragen zu stellen und sie zu beantworten.

1. Was hast du verloren?
2. Bist du dir bewusst, dass du irgendetwas bei dem Verlust gewonnen hast?
3. Bestimmt ein Verlust aus der Vergangenheit noch immer deine Lebensgeschichte oder deine Selbstdefinition?
4. Ist es mit irgendeiner erkennbaren Gefahr verbunden, deine Verlustgeschichte aufzugeben?
5. Bist du bereit, weiterzuleben, ohne in deiner Erinnerung ständig die Geschichte von dem, was du verloren hast, zu wiederholen?
6. Wo in deinem Körper ist das Gefühl, etwas verloren zu haben, angesiedelt?
7. Welche Erfahrung machst du, wenn du dich ganz auf das Gefühl von Verlust einlässt und nicht länger an der Geschichte darüber festhältst, *was es war*, das du verloren hast?

Möglicherweise warten verschiedene Schichten von Emotionen darauf, dass du dich mit ihnen auseinandersetzt. Du kannst dich ganz öffnen und dich mit jedem Gefühl befassen, sowie es spürbar wird. Hüte dich aber davor, deiner Neigung nachzugeben, eine alte oder neue Geschichte drumherum zu erzählen, um eine direkte Auseinandersetzung zu vermeiden. Lass einfach von der Geschichte ab und gehe mit gesammelter Aufmerksamkeit tief in das Gefühl hinein.

7

Die Hölle

Wir sind unterwegs in den dunkelsten Gewässern, ohne Rettungsfloß, haben kaum noch Kraft für das innere Ziel und wissen zugleich, dass das Ende bei Weitem noch nicht in Sicht ist – eine unendliche Hölle. Es gibt keine Hoffnung, keine Aussicht auf Hilfe, kein Verständnis. Wir treiben hilflos dahin, doch ohne die Verträumtheit des Treibens, die Sinne sind geschärft, überreizt von Geräuschen, Empfindungen und Gedanken. Wir spüren körperliche Schmerzen und zugleich eine Taubheit der Glieder. Brennende Hitze oder ein Zittern vor Kälte. Die Luft ist staubtrocken oder trieft vom Moder verlorener Träume, und es gibt keine Abhilfe. Es besteht ein zwingendes Bedürfnis nach Flucht, aber dieses Bedürfnis ist mit der glasklaren Erkenntnis gepaart, dass es kein Entkommen gibt. Die innere Qual wird durch Erinnerungen daran verstärkt, *was einmal war*, und durch das vergebliche Bemühen, dem zu entgehen, *was ist*.

Die Hölle ist kein Wahnsinn, auch wenn sie Elemente des Wahnsinns enthält. Sie ist nicht wahnhaft, obwohl es innere Qualen gibt, die etwas Wahnhaftes haben. Der Abstieg in die Hölle ist von einer schonungslosen Klarheit, in die sich sowohl Angst vor dem Wahnsinn als auch die Hoffnung mischen, dass es wirklich Wahnsinn ist, denn bei echtem Wahnsinn besteht immerhin die Möglichkeit einer Therapie. Und eine Therapie bedeutet Hoffnung.

Die Hölle ist eine hoffnungslose Ödnis der Seele, auch wenn nach außen hin alles in Ordnung zu sein scheint, weil die Hölle tiefen persönlichen Leidens nach außen hin verborgen bleibt. Sie ist auch ein Alptraum, aber jeder Tag offenbart immer deutlicher, dass der Alptraum ebenso Wachen wie Schlafen umfasst. Eine Depression, ein psychotischer Schub, eine spirituelle Krise, eine dunkle Nacht der Seele oder einfach nur Realität – welches Etikett diese Erfahrung auch immer erhält, es greift zu kurz und ist letzten Endes ohne Nutzen.

Wie sind wir in diesen Zustand geraten? Gab es eine Warnung? Wenn ja, was hätten wir tun können, um diese Situation zu vermeiden? Was im Universum schafft einen solchen Raum, und warum? Wie könnte ein gnädiges Schicksal solch eine innere Qual rechtfertigen?

Wo früher Freunde waren, sind jetzt nur Widersacher. Wo früher Luft zum Atmen war, ist es jetzt eng und stickig. An die Stelle einer sicheren, aussichtsreichen Zukunft ist die Verdammnis zu dieser schrecklichen, armseligen Gegenwart getreten.

Hölle ist das Wort, das diese innere Qual zu allen Zeiten am besten beschrieben hat. Aber diese Hölle ist das Einzige, was den arroganten Geist demütig machen kann.

Auch ich bin, wie die meisten Menschen, wenn sie das Erwachsenenalter erreicht haben, in meinem Leben durch einige Höllen gegangen. Die erste, an die ich mich erinnern kann, erlebte ich mit sechs Jahren. Ich war krank und lag mit Fieber im Bett meiner Eltern. Als ich aufwachte, hörte ich meine neue Babyschwester schreien. Sie schrie entsetzlich laut. Obwohl sie mit meinen Eltern im Parterre war und ich oben im Haus, erfüllte das Schreien, eigentlich eher ein Brüllen, das ganze Zimmer. Mich erfasste eine tiefe Angst, und ich versteckte mich im Wandschrank. Ich weiß nicht mehr, wie lange ich darin ausharrte, aber irgendwann war meine Panik verflogen, sodass ich mir ein Herz fasste und nach unten ging. Die Familie saß um den Küchentisch. Es war kein Schreien oder Brüllen mehr zu hören, und ich wurde in der Runde willkommen geheißen. Als ich fragte, was das für ein Geschrei war, konnte sich niemand erinnern, dass an dem Baby und seinem Weinen irgendetwas außergewöhnlich gewesen war.

Nach diesem mysteriösen Ereignis hatte ich immer mehr Erlebnisse, die mich entsetzten. Einfache Geräusche wirkten extrem laut und versetzten mich in Angst und Schrecken. Außerdem machte ich die Erfahrung, dass mein Körper verschwand. Zuerst pflegte er verschiedenste Formen von riesengroß bis haarfein anzunehmen. Als ich das Gefühl hatte, dass er dabei war, sich vollständig aufzulösen, rannte ich los und suchte Hilfe. Meine Mutter war keine Hilfe. Ihr war mein Entsetzen genauso rätselhaft wie mir, aber es gab ja das wunderbare Hausmädchen namens Susie, zu dem ich meine Zuflucht nehmen konnte. Ich steckte meinen Kopf zwischen ihre üppigen Brüste, und sie drückte mich fest an sich, bis ich mich wieder sicher fühlte. Mein »Anfall« ging vorüber.

Egal, was man zu meinen Erlebnissen sagt – ich habe sie mal Panikattacken und mal außerkörperliche Erfahrungen genannt –, damals waren sie jedenfalls die reine Hölle für mich. Jeder hat seine eigene Version von Hölle, aber vielleicht ist das Entsetzen, das dadurch ausgelöst wird, bei allen Menschen gleich.

In unserer Lehrgeschichte fing die Hölle an, als das Leben im Überfluss ein Ende nahm. Aber das Erlebnis der Hölle ist nicht auf materielle Verluste beschränkt. Die Hölle kann auf allen Ebenen losbrechen. In den reichsten und mächtigsten Gesellschaften schmoren ebenso viele Menschen in ihrer persönlichen Hölle wie in den ärmsten. Es bewahrt zwar vor der Hölle der Armut, wenn die Grundbedürfnisse befriedigt sind, aber es gibt keinen wirklichen Schutz vor der inneren Hölle.

Bei einer tiefgehenden Untersuchung und Selbstergründung sind es gerade die Bereiche der inneren Hölle, in denen wir auf die bedeutendsten Wahrheiten stoßen. Denn wie wir auch gegen unsere innere Hölle ankämpfen, sie ist erbarmungslos mit ihren Geißelungen, die durch ihre Unsichtbarkeit noch brutaler wirken.

Die Hölle ist der gefährlichste Ort in unserem Innern, weil wir in Versuchung kommen können, unsere Seele zu verkaufen, nur um vielleicht erlöst zu werden. Oder wir lernen, stumpfsinnig in der Hölle zu überleben, ohne die schonungslose Lektion zu beherzigen, die sie uns aufgibt. Wir können auch versuchen, den Gott, an den wir vielleicht glauben, zu bestechen, indem wir ihm versprechen, ein besserer Mensch zu werden, oder uns selber schwören, dass wir die Warnung verstanden haben, oder vor irgendeinem inneren Satan zu Kreuze kriechen, um in unserer Hölle wenigstens auf einen höheren Rang aufzusteigen.

Aber um wirklich eine Lehre aus der Hölle zu ziehen, müssen wir mitten im Elend still werden.

Wir müssen aufhören, uns zu drehen und zu winden, zu schreien und zu schluchzen, sodass wir endlich sehen können, was die Hölle uns außer Qualen noch zu bieten hat. Das ist die Frage, die wir untersuchen wollen.

Wenn eine gewisse Bereitschaft da ist, in den Schlund der Hölle zu blicken, statt dem natürlichen Impuls zur Flucht nachzugeben, besteht die Möglichkeit, zu den tiefsten Lehren vorzustoßen. Weil sie allem zugrunde liegen, müssen sie auch überall zu finden sein. Die Hölle ist da, wo wir am wenigsten danach suchen wollen.

Im Lauf der Geschichte sind uns viele Berichte von Menschen überliefert worden, die in den Bauch dieser Bestie hinabgetaucht und wieder daraus hervorgekommen sind. Bedeutende Künstler aller Genres und natürlich die großen Mystiker, aber auch gewöhnliche Sterbliche wie wir selbst haben zumindest einen gewissen Eindruck von der Hölle gewonnen. Im Leiden Christi am Kreuz und seiner Wehklage, von Gott verlassen worden zu sein, in den Gemälden Goyas, die auf grauenvolle Weise Zeugnis ablegen von der Hölle des Krieges, oder in den aufgerissenen Augen von Gefangenen, die unter Folter »gestehen«, erkennen wir das, was wir am meisten fürchten. Das qualvolle Leiden von jemandem, dessen Welt im Angesicht eines Verlusts zusammenbricht – oder auch die mysteriöse Attacke eines inneren Zusammenbruchs, für den es keinen äußeren Anlass gibt – beweist uns letztlich, dass die Hölle eine allgemein bekannte, grauenhafte Tatsache im Leben ist.

Um voll und ganz zu leben, müssen wir uns mit allem, was zum Leben gehört, unmittelbar auseinandersetzen. Was lehrt uns die Hölle? Was lernen wir im Mitleiden mit einer Kreuzigung? Was lernen wir, wenn wir die Gräuel, zu denen wir als Spezies und als Einzelne fähig sind, in Goyas Gemälden sehen? Meist lernen wir gar nichts. Vielleicht denken wir, dass ein Erlöser erscheint, um gute Menschen wie uns zu erlösen, oder dass wir auf wundersame Weise Ruhe und Frieden finden werden. Aber wenn wir nichts lernen, werden wir von Erinnerungen heimgesucht, wie tief sie auch vergraben sein mögen. Doch was viel wichtiger ist: Wir können lernen, selbst in der Hölle unser Bewusstsein zu öffnen, und die Wahrheit dessen entdecken, was selbst unter den widrigsten Umständen unverändert bleibt.

Die Pathologien der Hölle sind ein beliebtes Thema in der psychologischen Fachliteratur, zusammen mit den derzeit jeweils angesagten Behandlungsmethoden. Der psychologische Ansatz ist im Allgemeinen der, einen Ausweg zu suchen und Linderung zu verschaffen. Dieser Ansatz ist auch so lange angemessen und ratsam, bis wir bereit und in der Lage sind, tatsächlich zu lernen, was die Hölle uns lehren will. Bei unseren Endeckungen in der Hölle hilft uns die erstaunliche frohe Botschaft von der Selbstaufgabe Jesu und seiner Himmelfahrt. Uns hilft auch die wunderbar poetische Beschreibung des Johannes vom Kreuz über sein Einswerden mit dem Göttlichen unter den schauerlichsten und entwürdigendsten Umständen. Uns hilft Ramana Maharshi, von dem wir wissen, dass er schon als Sechzehnjähriger bereit war zu sterben. Aus allen spirituellen und religiösen Traditionen können uns die freudigen

Zeugnisse all jener eine Hilfe sein, die »die andere Seite« erreicht haben. Und du hast *dich selbst* als Hilfe, und zwar in dem Maße, in dem du bereit bist, deine Lehre aus der Hölle zu ziehen, die du gerade durchmachst.

Bei einigen Menschen hält sich die Hölle jahre- oder sogar jahrzehntelang, bei anderen Wochen oder Monate. Oder sie bricht an, verliert sich eine Zeitlang wieder und kehrt erneut zurück. Manche Menschen werden immer wieder von Erinnerungen an sie heimgesucht und fürchten sich vor ihrer Wiederkehr. Manche schaffen sich eine Pseudo-hölle, die ihnen als eine Art Amulett dient, um die echte Hölle fernzuhalten. Manche erahnen die Hölle hinter dem relativen Frieden ihres glücklichen, konfliktfreien Lebens. Manche haben durch ihre Religion davon gehört und fürchten die Verdammnis. Manche haben über die Vorstellung einer Hölle gespottet, bis sie sie am eigenen Leib erlebten. Ich kenne niemanden, der nicht zumindest einen Vorgeschmack der Hölle erlebt hätte.

Der Vorgeschmack genügt oft als Impuls, um davonzu-rennen – sich zu betäuben, hektisch Riten und Rituale aus-zuführen oder nachts im Bett über die Wahrscheinlichkeit nachzugrübeln, ob man durch die Taten des vergangenen Tages noch tiefer in der Hölle versinkt.

Die Hölle macht sich unweigerlich dadurch bewusst, dass sie unangekündigt und unerwartet hereinbricht. Der Verlauf eines ereignisarmen, behüteten Lebens kann uns so in uns selbst ruhen lassen und einlullen, dass wir uns gar nicht vorstellen können, das Schicksal könnte etwas ande-res als Gutes für uns bereithalten. Wir können uns trotz religiöser Lehren und unterbewusster Ahnungen oder Alpträume keinen Begriff von der bitteren Arznei der Hölle machen, bis sie über uns hereinbricht.

Wie lange können wir sie ertragen? Wenn wir uns gegen sie sträuben, erlahmt unsere Kraft irgendwann, und dann brauchen wir Hilfe. Medikamente, Schlaf, Zerstreuungen, die Unterstützung und Zuneigung von Freunden und Ratgebern, das alles soll uns helfen, uns von dem inneren Kampf mit einer unabänderlichen Macht abzulenken. Und wenn wir nicht mit der Hölle auf Kriegsfuß stehen? Wenn wir wirklich – und sei es nur den Bruchteil einer Sekunde lang – bereit sind, mitten in diesem schrecklichen Elend unseren Frieden zu finden, stoßen wir auf eine unschätzbare Fähigkeit. In diesem Bruchteil einer Sekunde der Selbstaufgabe, die etwas ganz anderes ist als Resignation, sehen wir das Licht mitten in der Dunkelheit.

Wie viele große und kleine Höllen haben wir schon durchlebt? Unsere erste Höllenerfahrung machen wir wahrscheinlich als Neugeborene oder schon während unserer Geburt, wenn wir aus dem Mutterleib ausgestoßen werden. Welche Hölle machen wir als Babys durch, wenn unser Hunger nicht sofort gestillt wird? Oder wenn wir aus unerfindlichen Gründen schreien? Nicht gehört zu werden, obwohl wir gehört werden wollen, ist vielleicht eine unserer frühesten körperlichen Erfahrungen der Verlassenheit. Wir können uns fast alle an Zeiten in unserem Leben erinnern, die wir innerlich als Hölle empfunden haben. Vielleicht ist eine gewisse Höllenqual immer mit Geburt und Wachstum und dem jeweils nächsten Entwicklungsschritt verbunden. Neben anderem will dieses Buch dazu einladen, die Hölle als natürlichen Bestandteil unserer menschlichen Erfahrungen zu betrachten. Als solcher kann sie unmittelbar unter die Lupe genommen und erforscht werden.

Sobald wir die Hölle als etwas Natürliches – wenn sicherlich auch Ungeliebtes – ansehen, etwa wie einen besonders harten Winter oder einen entsetzlich heißen, die Ernte vernichtenden Sommer, nehmen wir ihr den Makel, zu ihr *verdammt* zu sein. Ohne diese abergläubische Verurteilung gelingt es uns viel eher, den Mut zu fassen und uns ihrer Lehre zu öffnen. Uns unseres angelernten Aberglaubens bewusst zu werden, ist ein wichtiger Bestandteil unserer Einsicht, wie wir selbst unsere Version der Wirklichkeit herstellen und dann von dieser Wirklichkeit gefesselt werden. Unser Aberglauben tut oft unterschwellig seine Wirkung und beeinflusst unser Denken, und die Angst vor einer unerklärlichen Realität unterstützt diese Neigung noch. Wenn wir bereit sind, uns geistig zu öffnen, wenn wir Angst spüren, brauchen wir den Schutz unserer Überzeugungen nicht länger. Sobald wir gewillt sind, unseren Aberglauben aufzugeben, sind wir auch bereit, uns direkt mit der Wirklichkeit auseinanderzusetzen.

Aus einem erweiterten Blickwinkel sehen wir, dass sowohl in der Innen- als auch in der Außenwelt gute mit schlechten Zeiten wechseln. Manches Mal hat die Hölle, die wir durchleben, ihre Ursache in törichtem oder falschem Verhalten, aber ebenso oft bricht sie ohne ersichtlichen Grund über uns herein – in einem Überraschungsangriff und aus heiterem Himmel, wie in unserer Lehrgeschichte.

In einer wirklichen Auseinandersetzung mit dem Thema, das heißt in aufrichtiger Selbsterforschung und -ergründung, müssen wir unsere ursprünglichen *Vorstellungen* vom Sinn einer Erfahrung aufgeben. Wir müssen unsere

Konzepte und Werturteile über die Ursachen einer Empfindung oder Emotion fallen lassen, wenn wir zum *Kern* dieser Empfindung oder Emotion vordringen wollen. Wir müssen uns damit abfinden, dass wir das *Warum* nicht wissen. Sobald wir unser Nichtwissen zugeben, können wir der Erfahrung ganz offen und mit bewusster Intelligenz auf den Grund gehen.

Bei den meisten unserer Vorstellungen und Begriffe von »Hölle« oder auch weniger gravierenden negativen Emotionen, die sich immer wieder in unseren Lebenserfahrungen bemerkbar machen, gehen wir davon aus, dass wir unserem Wesen nach schlecht sind, dass wir für immer und ewig fehlerbehaftet und verdammt sind. Das lernen wir von unseren Eltern, in der Schule, von den westlichen und östlichen Religionen und durch unsere eigenen Idealvorstellungen von einer Reinheit des Wesens, die wir uns erhoffen. Diese umfassende Konditionierung steht uns bei einer tiefgreifenden Selbstergründung im Weg. Und eine solche Untersuchung tut not, wenn wir wissen wollen, was uns alle tiefen Erfahrungen und besonders die Hölle lehren wollen.

Wie begegnen wir dem oder erforschen das, was uns seiner Natur nach so abscheulich und abgründig vorkommt wie ein unheilvolles Moor, das uns zu verschlingen droht? Das »Wie« ist ziemlich einfach. Die wahre Herausforderung ist die Motivation. Warum sollten wir uns die Hölle und ihre Lektion wünschen, wenn uns doch so viele Möglichkeiten offenstehen, uns ihr zu entziehen, oder wir zumindest den Kopf in den Sand stecken und abwarten können, bis sie vorbei ist?

Dem Schlimmsten (der Hölle) in uns können wir nur begegnen, wenn wir zur Freiheit bereit sind. Ohne diese Bereitschaft werden wir uns vor dem Schlimmsten verstecken, es mit theatralischer Melancholie dramatisieren oder seine Existenz einfach leugnen. Mit all den Fähigkeiten unseres Geistes sind wir in der Lage, die Wirklichkeit auszuschmücken oder alles zu verdrängen, was unsere Version der Wirklichkeit bedrohen könnte. Diese Möglichkeiten sind bewundernswert und sollten kreativ eingesetzt werden, bis wir wirklich den Wunsch haben, frei zu leben. Dann müssen wir erkennen, dass das, was uns innerlich gefangen hält, unsere Angst vor dem ist, was wir im nackten Wesenskern finden könnten. Wenn uns unser unbekanntes Inneres insgeheim Angst macht und wenn man uns beigebracht hat, dass es gezähmt und unterworfen werden muss, da es den Keim der Selbstsucht und Sünde in sich trägt, werden wir unsere bewusste Aufmerksamkeit möglichst davon fernhalten und den innersten Kern unserer selbst fürchten.

Auch wenn wir aufgeklärter erzogen wurden und gelernt haben, dass wir unserem Wesen nach rein und gut sind, dürften uns die wilden, ungezähmten Teile unserer Persönlichkeit genügend ängstigen, dass wir sie schamvoll verstecken und geheim halten. Als Alpträume und Hölle kommen sie wieder zum Vorschein.

Sich diesen Aspekten unserer selbst, die wir aus dem äußeren Selbstbild heraushalten, zuzuwenden, ist das Kennzeichen der Reife und damit der Bereitschaft, frei zu sein. Nicht frei von diesen Aspekten, sondern frei von allen inneren und äußeren Definitionen dessen, was sie angeblich sind. Erst wenn wir uns von den begrifflichen Definitionen unserer selbst frei gemacht haben, sind wir auch frei, vollständig und ganz zu sein. Dann erfahren wir uns unmittelbar als undefiniertes, *undefinierbares* Bewusstsein, das in völliger Freiheit es selbst ist. Wenn wir bereit und offen dafür sind, ist die Hölle einer der wichtigsten Lehrer, die auf diese Freiheit hinweisen.

In unserer Lehrgeschichte kehren sich die Familienmitglieder, während sie die Hölle durchmachen, in ihrer Frustration gegeneinander und geben sich gegenseitig die Schuld. Auf den radikalen Gedanken, mit dem Klagen und Beschuldigen aufzuhören und sich mit offenem Forschergeist einfach auf die Erfahrung der Hölle einzulassen, kommt die Familie gar nicht. Stattdessen versuchen die Familienmitglieder, sich von der Last zu befreien, indem sie sich gegeneinander wenden, und dadurch sinken sie nur noch tiefer in den Sumpf.

Das ist eine allseits bekannte Gewohnheit. Wenn das Schlimmste eintritt und schier unerträglich wird, greifen wir das an, was uns am nächsten steht, statt uns dem Schlimmen zuzuwenden und es frei und direkt zu erkunden. Wir lassen unseren Frust und die Qualen unserer Lebensumstände in Form von Schuldzuweisungen und Gereiztheit an anderen aus. Unsere Hilflosigkeit erscheint uns unerträglich, und einen Sündenbock zu suchen, ist eine Jahrtausende alte Strategie, durch die vorübergehend ein Gefühl der Kontrolle gewonnen wird.

Was wir von der Oberflächlichkeit unserer Familie in der Lehrgeschichte lernen können, ist die Vergeblichkeit unserer eigenen Strategien, unsere schlimmsten Ängste durch aggressives Machtverhalten zu verdrängen. Solange wir uns dieser Verdrängung nicht bewusst sind, werden wir uns weiterhin weigern, die Verantwortung für unsere Situation zu übernehmen. Wir werden immer wieder etwas oder jemanden suchen, dem wir die Schuld daran geben können. Wir werden andere Leute, die Sterne, unsere Gene, Gott oder den Teufel dafür verantwortlich machen. Wir werden allem Möglichen die Schuld zuschieben, um uns vom Druck der Hölle zu befreien. Voller Entsetzen über unsere Lage, die wir nicht wahrhaben wollen, nehmen wir lieber zu Verschwörungstheorien Zuflucht, als einfach direkt nachzuforschen, woraus dieses Schlimmste eigentlich besteht.

Wenn in der Außenwelt niemand da ist, dem wir die Schuld zuweisen können, greifen wir uns selbst an und zerfallen innerlich. All unsere Selbstvorwürfe und Beschuldigungen sind der vergebliche Versuch, unser schreckliches Leid zu verstehen und damit fertig zu werden. Indem wir davon ablenken oder anderen die Schuld daran geben, lindern wir für einen kurzen Augenblick den Druck, der auf uns lastet, nur um anschließend noch tiefer in die Dumpfheit der Hölle zu fallen.

Angemessen reagieren zu können ist gleichbedeutend mit nachforschen können. Beides fordert von uns Offenheit und die Bereitschaft, die Geschichte zu beenden, die wir bewusst oder unterbewusst darüber ausgesponnen haben, *warum* das Entsetzliche geschehen ist und wer daran schuld ist. Anfangs mag es durchaus notwendig sein, nach dem Warum zu fragen oder herauszufinden, wer dahintersteckt, denn unser Verstand sucht nach Ursachen für den Abgrund, an dem wir stehen. Doch bei der unmittelbaren Ergründung dieses gegenwärtigen Augenblicks und dessen, was er offenbart, kann es einzig um das gehen, *was ist*. Hier ist eindeutig die unmittelbare Selbstergründung gefordert. Im Fokus steht jetzt nur der Augenblick selbst, ganz gleich, wie groß das Leid ist oder welche Ursachen es hat. Die angemessene Reaktion ist die Frage: »Was *ist* das, was ich gerade als Hölle erfahre?«

Die Familie erreicht diesen Reifegrad gar nicht, aber du kannst das, sofern du dir die Wahrheit eingestehst. Willst du frei sein? In manchen Phasen unseres Lebens wissen wir nicht einmal, was wahre Freiheit ist, und sie kümmert uns auch nicht. Alles, was wir uns wünschen, ist Schutz und Zuwendung. Wir wollen von einem sicheren Kokon umgeben sein, in dem wir einfach leben und wachsen können. Daran ist nichts auszusetzen. Alle Kreaturen durchlaufen Stadien, die sie ohne Schutz und Zuwendung nicht überleben würden. Menschenkinder benötigen eine sehr lange Schutzphase, ehe sie allein zurechtkommen können. In der naturgemäßen Phase der Unreife ist Freiheit nicht von Nutzen. Normalerweise wachsen alle Geschöpfe im Laufe ihres Reifeprozesses aus diesem Stadium heraus. Aber viele, die längst die Schutzphase hinter sich haben, klammern sich noch immer an den sicheren Kokon. Junge Adler müssen manchmal mit Gewalt von ihren Eltern aus dem schützenden Nest gestoßen werden, um flügge zu werden. Der Augenblick des Hinausgeworfenwerdens, in dem sie alles verlieren und in die Tiefe stürzen, muss die Hölle sein, bis sie schließlich die Flügel ausbreiten und fliegen.

Beim Übergang zur spirituellen Reife ist oft ebenso wie beim biologischen Heranwachsen ein Stoß oder gar Schock als Katalysator erforderlich, der einen wesentlichen Entwicklungsschub einleitet. Die Geburt wahrer Erkenntnis folgt auf den Tod des zuvor Gewussten. Das alte Wissen mag zu seiner Zeit wahr gewesen sein, aber wenn es ausgedient hat, ist es wertlos und führt zu Ignoranz.

Es fällt uns nicht immer leicht, uns von etwas zu trennen, aus dem wir herausgewachsen sind. Wir verlassen einen sicheren Ort ungern freiwillig. Manches wird zwar ohne Probleme abgelegt oder fällt ganz von selbst ab, aber Entwicklungssprünge führen oder katapultieren uns in etwas Neues, für das wir keine Bezugspunkte haben. Es ist fraglich, ob das Adlerküken überhaupt bemerkte, dass sein Überleben vom Hin- und Herfliegen der Eltern abhing, die Nahrung für ihn herbeischafften. Womöglich war in seinem Kükengehirn nie ein Gedanke ans Fliegen. Ebenso haben auch wir vielleicht nie bemerkt, dass es zu allen Zeiten und in allen Kulturen erhabene Beispiele für ein freies Leben und Berichte darüber gab. Spirituelle Nahrung bereitet uns aufs Fliegen vor, aber wir können erst fliegen, wenn wir den Sprung ins Unbekannte wagen oder hineingestoßen werden.

Vielleicht fühlen wir ein inneres Sehnen, das uns in dieses Unbekannte ruft, obwohl es uns zugleich mit Furcht und Schrecken erfüllt. Oder wir ignorieren den Ruf einfach, bis wir etwas verlieren, von dem wir nie getrennt zu werden glaubten – unser Nest –, und uns verzweifelt gegen das Unbekannte wehren, das unser Los ist. Je mehr wir mit aller Konzentration und Lebenskraft gegen dieses Unbekannte ankämpfen, umso mehr wird es für uns zur Hölle.

Wenn wir einsehen, dass die Seele ganz von selbst und manchmal eben unter Schmerzen reift, können wir die Zeit des Übergangs zwischen einer Phase und der nächsten besser verstehen. Normalerweise klammern wir uns verzweifelt an das, was nicht mehr ist; wir bestreiten, alles verloren zu haben, was wir kannten, oder attackieren in unserer Wut und Angst unsere Umgebung. Wir übersehen die offene Weite, die der Übergang von einer Lebensrealität zur anderen uns bieten kann. Wenn sich der junge Adler nicht länger gegen das Fallen sträubt, ist der Augenblick des Fallens vor dem Flügelausbreiten genauso wonnevoll wie das Fliegen selbst. Wenn wir uns gegen das, was uns widerfährt, nicht länger wehren, verhelfen uns selbst die bittersten Lebenserfahrungen zu einem Geschmack von der Süße, die allem Leben zugrunde liegt.

Wir können nicht im Voraus wissen, dass selbst im Schlimmsten etwas Gutes zu finden ist. Aber wir können diese Wahrheit entdecken. Wir können auch versuchen, uns an diese Entdeckung zu erinnern, sobald die nächste Veränderung eintritt, und vielleicht hilft uns die Erinnerung. Doch um uns unmittelbar dessen bewusst zu sein, was in diesem Augenblick da ist, müssen wir alle Erinnerungen aufgeben, auch die hilfreichsten. Wenn du deine Erinnerungen an etwas Vergangenes aufgibst, projizierst du auch nichts in die Zukunft. Ohne Vergangenheit und Zukunft ist deine Aufmerksamkeit voll und ganz hier, in diesem Augenblick, ganz gleich, was sich da tut. Selbst die Hölle wird durch Bezüge zur Vergangenheit und durch Hoffnungen für die Zukunft oder Ängste davor definiert. Wenn der Geist frei ist von Definitionen aller Art, kannst du leicht direkten Einblick nehmen in das, was *wirklich* da ist, statt dich an irgendeine Definition davon zu klammern. Wer sich uneingeschränkt dem Fallen überlässt, schwebt ganz von selbst.

Weiterführende Fragen

Damit du die ungeschminkte Wahrheit sagen kannst, sind die folgenden Fragen darauf zugeschnitten, dass du sie für dich allein verwendest. Als spirituell Suchende wissen wir, was wir denken und fühlen sollten. Vielleicht wissen wir sogar oder erinnern uns daran, dass die nackte Wahrheit stille, offene Bewusstheit ist. Aber ohne unmittelbare, frische, direkte Erfahrung ist dieses Wissen alles andere als nützlich. Es gibt keine »korrekten« Antworten auf diese Fragen. Die Fragen sollen bloß deine bewusste Aufmerksamkeit auf Struktur und Hintergrund deiner Geschichte lenken und schließlich in die lebendige, stille Bewusstheit hineinleiten, die allen Strukturen zugrunde liegt.

Ich empfehle dir, für die Beantwortung dieser Fragen reichlich Zeit und Raum zu reservieren. Vielleicht willst du dir die Fragen laut stellen und die Antworten aufschreiben. Du kannst auch alle oder die wichtigsten Fragen viele Male wiederholen, um auf überraschende Antworten zu stoßen. Es sind alles Fragen mit offenem Ausgang. Die Antworten darauf können dir im Lauf der Zeit unter den verschiedensten Umständen einfallen.

Möglicherweise verfällst du auf ganz eigene Fragen. In diesem Fall solltest du dir bewusst sein, dass »Warum«-Fragen zum Analysieren und Verarbeiten verleiten und für verstärkte mentale Aktivität sorgen. Bei vielen Sachverhalten ist diese Art der Fragestellung sicher nützlich, aber bei der unmittelbaren Selbstergründung sind Fragen nach dem »Wer« oder »Was« fruchtbarer und fördern eher Neues zutage.

Je ernster Fragen und Antworten genommen werden, umso mehr kommt ans Licht.

1. Was ist die Hölle?
2. Was sagt es über dich aus, dass du dich in der Hölle fühlst?
3. Wer hat dich in die Hölle geworfen?
4. Wenn du einmal alle Definitionen außer Acht lässt, kannst du dann deine Aufmerksamkeit *in* das Energie- oder Schwingungsfeld der Höllenerfahrung hineinlenken?
5. Was findest du im Kern dieser Erfahrung?
6. Gibt es dahinter noch irgendetwas?
7. Und dahinter?

Wenn du dir hierfür die nötige Zeit genommen hast, tut es dir vielleicht gut, dich ein paar Minuten hinzulegen und einfach nachzuspüren, was sowohl die Fragen als auch die Antworten bei dir ausgelöst haben. Wenn du einmal von allen Beurteilungen und Schlüssen in Bezug auf deine Antworten und die dadurch heraufbeschworenen Gefühle absiehst, was bleibt dann?

8

Das Angebot der Erlösung

Um ein wirklich erfülltes Leben zu führen, müssen wir uns davor hüten, in unserer Verblendung entweder gegen unser Leid anzukämpfen oder darin zu schwelgen. Das Innenleben kann zwar stark von den äußeren Umständen beeinflusst werden, aber wir neigen dazu, eine Leidensgeschichte auch dann noch unnötig weiterzuspinnen, nachdem die Ursache des anfänglichen Schmerzes längst vergangen ist und uns bereits das Mittel zur Erlösung von unserem Leiden zur Verfügung steht. Die Erfahrung eines Verlusts und das Leid, das sie auslöst, verschließen uns zu Beginn meist die Augen für die Möglichkeiten, die sich bieten, um von den Auswirkungen dieses Verlusts erlöst zu werden. Wir sind mitunter so auf die Umstände unseres Elends fixiert, dass wir alle Hilfsangebote ringsum übersehen.

Im Gleichnis unserer Lehrgeschichte erscheint der Familie das Geschenk des Himmels in Gestalt eines Fremden und ist daher unkenntlich. Als dieser Fremde völlig unerwartet das Angebot zur Rettung macht, klingt es zu gut, um wahr zu sein, und so wird es in der Geschichte kategorisch ausgeschlagen. Es wird zwar wiederholt, aber die Familie ist genauso von der Unabwendbarkeit ihres Unglücks überzeugt wie zuvor von der Beständigkeit ihres Glücks. Sie ignoriert das Angebot und fühlt sich durch das fortgesetzte Drängen, es doch anzunehmen, sogar belästigt.

Mitten in der Hölle des Preventoriums, in einem rätselhaften Augenblick der Gnade, spürte ich, wie etwas Liebevolles, Tröstendes erschien, um mich zu schützen. Ich erkannte in dieser Erscheinung meinen Schutzengel und hatte das Gefühl, von meinen Leiden erlöst zu sein. Immer, wenn ich nach dieser Erscheinung Ausschau hielt, war sie mir nahe. Es war eine erlösende Kraft, aber sie konnte mich nicht vor meinen späteren Entscheidungen bewahren. Sie konnte mich nicht von meinem »Schicksal« oder »Karma« erlösen und mich nicht von meinem Hang zum Leiden abbringen.

Vom Preventorium kam ich auf eine katholische Schule, und dort entdeckte ich meine Leidenschaft für Jesus. Mit dieser Entdeckung kam das Angebot der Erlösung, aber es war an feste Formen und Bedingungen geknüpft. Um meine Erlösung zu sichern, hätte ich mein Leben Christus weihen müssen. Ich hätte meine Sünden beichten müssen und fortan nicht mehr sündigen dürfen. Ich hätte bestimmte Gebete sprechen und mit einer bestimmten Einstellung an bestimmten Rituale teilnehmen müssen. Es war leicht, diese Bedingungen abzulehnen. Mit der bereitwilligen Unterstützung meiner Eltern konnte ich gut rechtfertigen, dass ich lieber spielte als betete, dass ich erst das Einmaleins lernen musste, ehe ich Zeit hatte, bestimmte Rituale auszuführen. In der Episkopalkirche waren die Konditionen erheblich leichter zu erfüllen. Ich hatte noch immer das Gefühl, dass Jesus mich liebte und über mich wachte, war aber nicht mehr so sicher, dass ich zu ihm in den Himmel kommen würde.

Als Teenager fand ich viele Wege, um meinem unglücklichen Zuhause zu entrinnen. Aber Flucht ist nicht das Gleiche wie Erlösung. Um mich den häuslichen Problemen zu entziehen, musste ich mein Heil bei Freunden, Alkohol, Partys, Schularbeiten und hemmungslosen Sinnenfreuden suchen. Später flüchtete ich in eine Ehe und von dort in die Scheidung. Aber all diese Fluchtwege verschafften mir nur vorübergehend Erleichterung und erforderten ständige Wiederholung, um zumindest teilweise wirksam zu bleiben. Wahre Erlösung errettet, sie ist einzigartig und kann nicht authentisch wiederholt werden. Sie offenbart dir die Wahrheit, dass du hier und jetzt in Sicherheit bist und keinen wirklichen Schaden nehmen kannst. Es sollte noch viele Jahre dauern, bis ich erkannte, was ein echtes Erlösungsangebot ist.

Das Angebot der Erlösung ist das Wesen und das Geheimnis der Gnade. In den dunkelsten Gefilden, wo keine Hoffnung und keine Aussicht auf Hoffnung mehr besteht, streckt sich uns eine Hand entgegen. Aus Sicht der Hölle werden alle Hände, die sich einem entgegenstrecken, als Diener der Hölle wahrgenommen. Wir befürchten, dass uns die helfende Hand noch tiefer in den Abgrund des Leidens hineinzieht. Jede helfende Hand kann allerdings erst als rettende Hand erkannt werden, wenn sie erfasst wird. Wir finden diese Hände in unserer Lehrgeschichte wie auch in unseren persönlichen Geschichten. Doch die Familie aus der Lehrgeschichte glaubt nicht an die helfende Hand und weigert sich, sie zu ergreifen, wie es auch allzu oft in unserem eigenen Leben geschieht. Aber sie ist da.

Erkennen wir nur aus der Rückschau, dass immer ein Hilfsangebot bestand? Auf jeden Fall können wir aus der Rückschau sehen, dass uns immer wieder Hände aus dem Sumpf herausgezogen und aufgerichtet haben. Und wir können für diese Hände danken. Aber wie steht es mit den ausgeschlagenen Hilfsangeboten, den verkannten Angeboten, der abgelehnten Unterstützung?

Wenn ich in meiner Geschichte zurückschaue, erkenne ich, dass mir immer wieder Menschen und Lehren den Weg zur Erlösung gewiesen haben. Damals habe ich vielleicht sogar um ihre Bedeutung gewusst, aber irgendetwas in mir hat mich daran gehindert, mich voll und ganz darauf einzulassen. Ende der 70er Jahre kam der ehrwürdige Kalu Rinpoche nach Bolinas, wo mein Mann Eli und ich lebten. Wir schworen den Bodhisattva-Eid und erhielten die Einweihungen in Chenrezig, den Medizinbuddha, Mahakala sowie die Weiße und die Grüne Tara. Wir erwiesen Buddha, Dharma und Sangha durch Niederwerfungen Ehre. Wir rezitierten Sutren auf Tibetisch und schwelgten in dem für den tibetischen Buddhismus typischen magischen Beiwerk. Eli wurde zum Leiter des ersten tibetischen Dharmazentrums in West Marin ernannt. Wir meditierten täglich um fünf Uhr früh mit zwei weiteren Teilnehmern bei uns zu Hause und machten wunderbare, phantasmagorische Erfahrungen.

Sosehr ich diese Erfahrungen liebte und die Lehren schätzte, es blieben doch einfach nur wundervolle Erlebnisse für mich. In vieler Hinsicht war es wie bei meinen Erfahrungen mit der katholischen Kirche, die ich als junges

Mädchen gemacht hatte, und nach etwa einem Jahr empfand ich auch dies alles als zu viel Ritual und zu viel Mühe.
Ich verlegte mich auf eine schlichtere Version des Buddhismus und ging zu Vipassana und Zen über. In diesen Traditionen erging es mir im Grunde wie bei meinen früheren
christlichen Erfahrungen: Ich war nie gut genug. Im Vipassana konnte ich nie lange genug stillsitzen; bei meiner Za-
zen-Übung fehlte es mir an Klarheit und Entschiedenheit.

Zum Glück habe ich, wie ich heute erkenne, einiges von
dem akzeptiert, was der Buddhismus zu bieten hatte, und
war für die mir gewährte Unterstützung dankbar. Ich war
durchaus offen und bereit für mehr; da ich aber im Grunde
noch immer nach Ausflüchten suchte, war kein Erlösungsangebot das endgültig letzte. Ganz gleich, welche aufwühl-
enden oder beruhigenden Erfahrungen ich beim Meditieren machte, ich glaubte viel stärker an die Religion meines
Leidens als an die Angebote von Christentum oder Buddhismus. Meine Übung im Leiden hatte mein Leben fest
im Griff.

Wenn wir zu sehr an der Geschichte über all das Elend
hängen, das uns auferlegt ist – *uns* als Individuen, als Familie oder Gemeinschaft, als Volk oder als alle, die auf dieser Erde leben –, verlieren wir die Fähigkeit, etwa vorhan-
dene Rettungswege zu erkennen und zu erkunden. Nicht
alle Rettungswege führen zu der notwendigen Lösung,
aber alle können untersucht werden, und je bereitwilliger
die vorhandenen Wege erforscht werden, umso mehr Möglichkeiten ergeben sich für eine Lösung. Je offener wir für
eine Erforschung sind, desto näher sind wir der Erlösung.

Unsere Lehrgeschichte ist einfach. Die Probleme, mit denen unsere Erde, unsere Länder, Städte und Dörfer fertig werden müssen, sind wohl kaum ebenso leicht zu lösen. Aber ob einfach oder komplex, das Prinzip bleibt das gleiche. Wenn wir an unseren Leidensgeschichten festhalten, fehlt uns die Freiheit, kreative Hilfsmöglichkeiten zu sehen und anzunehmen. Stattdessen versuchen wir es immer wieder mit den gleichen alten Lösungen, nur in anderer Gewandung und mit neuem Namen, und haben dann eine Zeitlang das Gefühl, einer Lösung näher gekommen zu sein. Aber wenn die Lösung letztlich falsch ist, ist auch die Erlösung nur von kurzer Dauer.

Was bindet uns an unsere Leidensgeschichten? Wie kann es sein, dass wir uns aus Gewohnheit an diese Geschichten halten, obwohl sie von Schmerz handeln und neuen Schmerz erzeugen? Höchstwahrscheinlich erwarten wir, beim wiederholten Erzählen der Geschichte unseres Sündenfalls irgendwann herauszufinden, warum oder wie wir aus dem Paradies vertrieben wurden, um dann nie wieder vertrieben zu werden. Dem Warum und Wie auf den Grund zu gehen ist ganz nützlich, allerdings kann die Beschäftigung damit unsere Aufmerksamkeit auf die unendlichen Möglichkeiten des Warum und Wie fixieren. Durch diese Fixierung bekommt unsere Leidensgeschichte so etwas wie einen makabren Unterhaltungswert. Wir spannen uns gewissermaßen selbst auf die Folter. Zusätzlich zum tatsächlichen Leid, das ein Schicksalsschlag auslöst, martern uns dann noch die mentalen Wiederholungen, zu denen wir auf unserer Suche nach verstandesmäßigen Lösungen Zuflucht nehmen.

Solange wir unsere spezielle Form der Selbstquälerei noch nicht erkannt haben, fügt das mentale Wiederkäuen unserer emotionalen Pein dem Schicksalsschlag nur noch weiteres Leiden hinzu. Erst wenn wir diese geistige Gewohnheit erkennen, eröffnen sich uns Entscheidungsmöglichkeiten. Und wenn wir merken, dass wir die Wahl haben, gewinnt unser Denken sofort eine neue Weite. Bei der Einsicht, die Wahl zu haben, verliert sich die Opfermentalität. Dann hören wir den Dialog in unserem Innern und erkennen die Endlosschlaufe, in der viele Probleme festhängen und immer wieder auftauchen.

Was meine eigene Geschichte betrifft, so musste ich einsehen, dass ich jahrzehntelang verschiedene Versionen derselben traurigen Mär zum Besten gegeben hatte. Wenn ich das Empfinden hatte, dass mir zu wenig Liebe, Geborgenheit, Verständnis usw. entgegengebracht wurde, dann deshalb, weil ich selbst auf irgendeine Art versagt hatte. Dann pflegte ich meine vielen Mängel im Geiste aufzulisten und Gott und mir feierlich zu schwören, mich zu ändern und zu bessern. Hatte ich das Gefühl, von allem genug zu bekommen, vermochte ich mich darüber nur so lange zu freuen, wie ich das Warten auf die nächste Hiobsbotschaft verdrängen konnte. Meiner tiefinnersten Selbsteinschätzung nach glaubte ich aufrichtig, das »genug« nicht zu verdienen. Wie vorauszusehen war, tauchten die Ruhe und die Leichtigkeit des Seins in meinem Leben nur selten auf. In irgendeiner Weise musste ich mich ständig verbessern, entweder um etwas zu bekommen oder um den gefürchteten Dämon meiner anhaltenden Mangelhaftigkeit auf Distanz zu halten.

Wenn unsere Aufmerksamkeit über Gebühr vom Klagen beansprucht wird, übersehen wir den Ausweg aus der

Lage, über die wir klagen. Dann benutzen wir die Gabe unserer Intelligenz nur zum Rationalisieren und Rechtfertigen und sind blind für das in uns, was von unseren Traumata unberührt bleibt. Jeder von uns kann in seinem Innern ein Tor der Stille finden, das immer offen ist. Das ist das Tor zur Erlösung. Wir brauchen nur unsere Aufmerksamkeit nach innen zu richten und zu erkennen, dass dieses Tor zur offenen Weite und zum Frieden führt.

Wenn wir unserem inneren Dialog zuhören können, ohne ihn zu beurteilen, stehen wir außerhalb davon. Dann befinden wir uns außerhalb des jeweiligen mentalen und emotionalen Krieges in unserem Innern, den wir gegen das führen, was geschieht. Es mögen zwar weiterhin schreckliche Ereignisse mit fatalen Folgen geschehen und wir deren unschuldige Opfer sein. Aber da unsere Aufmerksamkeit jetzt bis zu einem gewissen Grad nicht mehr mit diesen Ereignissen beschäftigt ist, können wir uns bewusst werden, *was sonst noch da ist.*

Unsere Lehrgeschichte ist als abschreckendes Beispiel ebenso wichtig wie als frohe Botschaft. Geschichten aller Art führen uns vor Augen, wie leicht wir das Tor übersehen, das für uns geöffnet wurde. Die Weltliteratur ist voll von tragischen Beispielen für verpasste Gelegenheiten, und auch das alltägliche Leben auf unserer Erde zeigt, dass viele vergeblich auf Erlösung warten. Bei vielen guten Menschen kommt sie nie, obwohl sie es verdient hätten. Es gibt Katastrophen, die plötzlich hereinbrechen und in deren Gefolge ein Mensch, eine Familie oder eine Welt zugrunde geht. Ein Tsunami reißt eine Viertelmillion Menschen in den Tod und macht Millionen obdachlos; ein endloser Bürgerkrieg hat zur Folge, dass ganze Generationen nichts anderes kennen als Zwietracht und Verlust; eine Epidemie sucht erbarmungslos Gesunde ebenso wie Gebrechliche heim; Unfälle aller Art beenden die Lebensgeschichten von Menschen, die sich eben noch ihres Lebens freuten und ihrer Zukunft sicher waren. So mitleidlos ist das Leben. Wir versuchen, ihm durch Religion und Metaphysik einen Sinn abzugewinnen, doch es entzieht sich unerbittlich unserer Kontrolle und unserem Verständnis.

Aber es gibt auch Geschichten, die uns daran erinnern, dass es Tore der Erlösung gibt und dass wir durch sie hindurchgehen können. Im religiösen Schrifttum ist häufig die Rede von Wundern, in denen sich das Einssein mit dem göttlichen Vater oder die Leere aller Formen und Erscheinungen offenbart. Wir hören, dass sich das Meer teilte oder dass aus Wasser Wein wurde. Wir lesen, dass alle Versuchungen der Welt, ob schön oder schrecklich, nichts bei einem Menschen ausrichten konnten, der sich der Wahrheit verschrieben hatte. In der weltlichen Literatur sind Erlösung und Offenbarung zwar einfacher gewandet, im Ergebnis jedoch ebenso außergewöhnlich. Das Leben eines Süchtigen nimmt durch den Beistand von Menschen, die ihn lieben, wieder eine positive Richtung; ein Kind wird dem Missbrauch seines Vaters oder seiner Mutter entzogen und vor einem qualvollen Leben bewahrt. Ein Mensch ohne Liebe entdeckt in einem anderen Menschen, in einem Tier oder – und das ist wohl das Geheimnisvollste überhaupt – in sich selbst die Liebe. In einem Gedicht, einem Lied oder einer Geschichte lassen sich Tag für Tag in der unmittelbaren Umgebung Erlösungsmöglichkeiten finden. Zu akzeptieren, dass radikale, lebensverändernde Erlösung möglich ist, heißt, sich ihren Möglichkeiten zu öffnen.

Angesichts all des Leids und der unerbittlichen Tragödien rings um uns herum, global wie lokal, um wie viel rätselhafter erscheint da die unverdiente Gnade eines Erlösungsangebots! Die reine Gnade des Erlösungsangebots zeigt sich in der Tatsache, dass die Familie in unserer Geschichte nichts getan hat, durch das es gerechtfertigt wäre. Sie trug nichts dazu bei. Der Fremde erschien. Er machte das Angebot. Und ebenso wie aus der Rückschau in bestimmten Elementen der Tragödie sich bereits Hinweise darauf andeuten – deren Beachtung die Tragödie hätte abwenden können –, sind auch in unserem gegenwärtigen Leben Erlösungsangebote zu finden. Wenn wir in aller Freiheit und Offenheit aufmerksam hinschauen, brauchen sie nicht unbemerkt zu bleiben.

In unserer Lehrgeschichte können wir nur staunen, dass ein Fremder, der die Wahrheit über den versteckten Schatz kennt, tatsächlich die Zeit und Energie aufbringt, nach einem vermissten Geschäftsfreund zu suchen. Dieser Fremde hätte, wenn in seinem Leben er oder jemand, der ihm nahestand, verunglückt wäre, wenn er sich frisch verliebt oder geheiratet hätte oder wenn er von den vielen Zerstreuungen des normalen Lebensalltags in Anspruch genommen worden wäre, spurlos aus unserer Geschichte verschwinden können. Und welch ein Glück, dass er ein ehrlicher Mensch ist! Ein Halunke hätte den Schatz leicht stehlen können, nachdem er über das Schicksal des Freundes Bescheid wusste.

Wie leicht und auf welch mannigfaltige Weise hätte das, wozu sich der Fremde erbot, im Vorhinein schon vereitelt werden können! Doch da ist er, allen Widrigkeiten zum

Trotz, und erzählt der Familie – und uns – von der Wahrheit, die dem Leiden ein sicheres Ende setzen wird.

Er wiederholt sein Angebot Mal um Mal. Die Hartnäckigkeit, mit der er seine Hilfe anbietet, ist ebenso phänomenal, wie es seine Bereitschaft war, einen Teil seines Lebens der Suche nach seinem Freund zu opfern. Obwohl er zurückgewiesen wird, bleibt er unverbrüchlich bei seinem Angebot. Dieser wunderbare Fremde ist wahrlich ein Segen, wie unsere Geschichte zeigt. Er repräsentiert den Schutzengel, das Manna vom Himmel, die Hunderte von verhinderten Missgeschicken, die sich zu Tragödien hätten auswachsen können. Ohne sein Erscheinen wäre die Familie wahrscheinlich weiter im Elend versunken. Doch sein Angebot bekommt erst einen Sinn, als es angenommen wird.

Wie uns in unserer Lehrgeschichte und vielleicht auch in unserem Leben vor Augen geführt wird, kommt ein Erlösungsangebot oft verhüllt im Mantel unserer Ängste und unseres Überzeugtseins von der eigenen Ohnmacht daher. Die Familie aus der Lehrgeschichte sieht in dem Fremden einfach nicht den, der er ist. Zum Zeitpunkt seines Auftretens in der Geschichte sind alle Familienmitglieder nur erfüllt von der Gewissheit ihres unwiederbringlichen Verlusts. Ihre Wirklichkeit erlaubt ihnen nicht, das wahrzunehmen, was wir, aus der Perspektive des Lesers, sofort sehen.

Wenn du dein eigenes Leben einmal aus der Perspektive eines Lesers betrachtest, wirst du viel leichter frühere und gegenwärtige Erlösungsangebote erkennen. Solange du dich in deinem Leben vollkommen mit der Sieger- oder

Opferrolle identifizierst, ist dein Blickwinkel eingeengt und der tiefere Einblick bleibt dir verwehrt.

Es geht in diesem Buch natürlich nicht vorrangig um das Glück, das die Familie am Ende hat, sondern um unser eigenes Glück. Die Lehrgeschichte ist nur ein Trick, um deine Aufmerksamkeit auf das zu lenken, was jedem von uns angeboten wird. Möge dies gelingen!

Die Selbsterforschung ist ein solches Erlösungsangebot. Zur Annahme dieses Angebots bedarf es keines Glaubens oder auch nur Vertrauens. Denn bei dieser Erforschung geht es ja um das tiefe Ergründen deiner selbst. Wenn du erforschst, was unter den Dielenbrettern deiner Geschichte verborgen liegt, stößt du auf den wahren Schatz deiner selbst.

Wir führen Myriaden von Gründen an, warum wir nicht nachgraben können. Wir spinnen weiter Geschichten, die uns in unserer Überzeugung bestärken, dass wir früher schon nachgeforscht und nichts gefunden haben. Trotzdem bleibt die Einladung bestehen, *jetzt* in deinem tiefsten Innern nachzuforschen, so als sei es das erste Mal.

Wenn du in diesem Augenblick einmal annimmst, dass dein Leben gesegnet ist, dass es von Glück erfüllt ist und voller Möglichkeiten steckt, die dich vom Leiden erlösen, wirst du dich dann daran halten? Was findest du, wenn dich das Erlösungsangebot dazu anleitet, hinter deine Leidensgeschichte zu schauen und dich vollkommen nackt zu sehen? Falls du auf Schmerz stößt, bist du dann bereit, in den Schmerz hineinzugehen und ihn von innen her zu fühlen? Was findest du im Kern, tief innen hinter allem?

Weiterführende Fragen

1. Kennst du die Erfahrung, wie es ist, wenn Unglück dich blind macht? So blind, dass du selbst das Glück vor deiner Nase nicht mehr siehst?

2. Kannst du dich an eine Zeit erinnern, in der du keinerlei Vertrauen zur »Freundlichkeit des Universums« hattest? Wo in deinem Körper fühlst du das?

3. Welche Erfahrung machst du, wenn du dich diesem oder dem Gefühl deiner Ohnmacht öffnest, ohne eine Geschichte damit zu verbinden?

9

Zynismus, Verweigerung und Verleugnung

Wenn wir zynisch ein Erlösungsangebot ablehnen, tragen wir zur Verhärtung der negativen Tendenzen unseres Geistes bei. Diese Verhärtung kann tragisch sein. Wenn wir uns dem verweigern, was lebenserneuernd ist, aus welchen bewussten oder unbewussten Gründen auch immer, stirbt ein Teil unseres Lebens ab. Die Einsicht in die Gründe, warum wir uns so ablehnend verhalten und wie wir es rechtfertigen, dass wir die helfende Hand ausschlagen, führt uns die Macht des negativen Denkens vor Augen und zeigt uns, wie es sich selbst erhält – oft über die auslösenden Ereignisse des Schicksalsschlags hinaus.

Indem wir in einer schrecklichen inneren oder äußeren Lage unserem Zynismus Raum geben, verwehren wir uns selbst eine kreative, positive geistige Einstellung. Wir bleiben im Sumpf unserer eigenen Negativität stecken, und jede helfende Hand wird misstrauisch beäugt oder als zu halbherzig ausgeschlagen. Wir fühlen uns zu »clever«, um echte Hilfe in ihrer Einfachheit anzunehmen.

Als meine Eltern mich ins Preventorium schickten, hatte ich das Empfinden, von ihnen zur Hölle verdammt worden zu sein. In meiner Wut auf sie – und weil ich noch zu jung war – kam es mir gar nicht in den Sinn, dass sie mir damit hatten helfen wollen. Ich konnte nicht verstehen, warum ich weggeschickt worden war, ich wusste nur, wer das getan hatte. Und ich war blind in meiner Wut. Wenn sie sich an Wochenenden auf die damals lange Reise von Clarksdale nach Magee begaben, um mich zu besuchen, sprach ich kaum mit ihnen. Die ganze Familie pflegte zu erscheinen, mit fröhlichem Lächeln und herzlichen Hallos. Auf Bildern aus jener Zeit sehe ich Mama und Daddy, meine neue Babyschwester und meinen älteren Bruder, wie sie beisammenstehen, und etwas abseits daneben mich, mit finsterem Gesicht, die Arme über der Brust verschränkt.

Wenn ich solch ein Foto heute betrachte, empfinde ich Mitgefühl mit allen Beteiligten. Damals fühlte ich mich von allen verraten und verkauft. Mein kleines Herz war vollkommen zu und konnte die Liebe, die sie mir entgegenbrachten, nicht aufnehmen. Ich spürte nicht die mindeste Bereitschaft, mich zu öffnen und mich über ihren Besuch zu freuen, der doch eine Unterbrechung im langweiligen Alltag des Heims darstellte.

Nihilistisches, resigniertes Denken ist das Gegenteil von offenem Forschungsdrang. In Resignation zeigt sich die arrogante Überzeugung, dass alle Mühe vergeblich ist und keine Hilfe naht. Das ist eine gefährliche Phase in der langen dunklen Nacht der Hölle. In dieser Zeit kommt es dem Zyniker, etwa der Mutter aus unserer Lehrgeschichte, so vor, als sei negatives Denken ein Anzeichen von Intelligenz. Der arrogante Mensch sagt sich: »Ich weiß, was real ist, und es sieht wirklich schlecht damit aus.« Für mich im Heim war es eine Gewissheit, dass ich von denen, in die ich Vertrauen gesetzt hatte, verlassen worden war und alles verloren hatte. Meine spezifische Form der Verweigerung waren die Wut und der Zynismus, mit denen ich tagsüber die Hand, die sich mir entgegenstreckte, ausschlug, und die quälende Angst meiner Verzweiflung, die ich nachts allein im Bett spürte.

In der Erinnerung sehe ich viele Hände, die mir in meinem Leben entgegengestreckt wurden und die ich nicht ergriff. Wenn man in der Agonie negativer Emotionen feststeckt, kann man einen Ausweg kaum sehen, geschweige denn annehmen. Ich nahm bereitwillig meine Zuflucht zum Busen von Susie, wenn ich das Gefühl hatte, dass sich mein Körper auflöste, während ich die Besuche meiner Familie im Heim ablehnte. Dass ich beides selbst gewählt hatte, wusste ich damals nicht. Meine Entscheidungsfreiheit kam mir erst viele Jahre später zu Bewusstsein. Vielleicht wollte ich in meiner Wut meine Eltern mit einer Art langsamem Selbstmord bestrafen. Susie zu bestrafen, hatte ich keinen Grund; sie war immer da, wenn ich sie brauchte, und deshalb nahm ich meine Zuflucht zu ihr.

In unserer Lehrgeschichte stecken alle Familienmitglieder im Sumpf persönlichen und gemeinsamen Elends fest. Das Angebot des Fremden erscheint ihnen als beißender Spott. Als er in ihr Leben tritt, hat sich ihre Weltsicht schon vollkommen verhärtet, und es ist unvorstellbar für sie, dass er ihr Leid tatsächlich lindern könnte. Was weiß er denn von ihrem Elend? Wer ist er denn, dass er behaupten kann, die Rettung sei schon da? In der Arroganz ihrer Opferhaltung sehen sie nur einen Aggressor und empfinden erstaunlicherweise die Güte des Fremden als puren Hohn.

Ich weiß noch, wie ich zum ersten Mal Worte von Ramana Maharshi las und tief berührt war. Fast im gleichen Atemzug dachte ich jedoch im Stillen: »Das ist zu einfach für mein kompliziertes Leben.« Indem ich mich an die Kompliziertheit meines Leidens klammerte, schlug ich die helfende Hand aus, die sich mir in den Worten »Sei still und erkenne dich selbst« entgegenstreckte.

Als diese Worte in meinem Leben auftauchten, war ich längst zu der Überzeugung gekommen, dass ich zu kompliziert für einfache Lösungen war. Ich konnte auf jede Menge Erfahrungen zurückblicken, dass das Glück ebenso schnell wieder verflog, wie es kam. Die Möglichkeit eines tieferen Glücks, das nicht kam und nicht ging und das meinem wahren Wesen entsprach, kam mir gar nicht in den Sinn. Erleuchtete, Heilige oder auch einfache Menschen mochten über ein solches wahres Wesen verfügen, aber mich selbst, diesen aufgeklärten, angstbeherrschten, zum Leiden verdammten besonderen Menschen, nahm ich davon aus. Und ich war, wie ich leider gestehen muss, auch noch stolz darauf. Für mich war klar, dass ich mich nicht von einem so simplen Weg zum Glück übertölpeln lassen würde. Ich war über so etwas hinausgewachsen. In Wahrheit hatte ich, wie die Familie aus unserer Geschichte, mein emotionales Wachstum durch meinen Zynismus beendet. Ich hatte mich selbst überlistet.

Hatte die Familie aus der Lehrgeschichte nicht das Recht, einem Fremden und Überbringer guter Nachrichten so argwöhnisch gegenüberzutreten, nachdem sie doch eben über die Unbarmherzigkeit des Universums belehrt worden war? Ja, selbstverständlich, und ich selbst hatte als Kind allen Grund, mich von meiner Familie verraten zu fühlen, als sie mich ins Heim schickte. Der springende Punkt ist der, wie lange wir das Recht auf Leiden über die Dauer unseres Leidens entscheiden lassen. Wie lange wollen wir uns, wenn eine Katastrophe eintritt oder auch nur eine gewisse Desillusionierung einsetzt, der Entdeckung dessen verweigern, was das Universum uns gerade jetzt, in diesem Augenblick, zu bieten hat? Wenn das Muster der Ablehnung und Verweigerung dessen, was uns angeboten wird, jahre- oder gar jahrzehntelang bestehen bleibt, wird es zu unserer zweiten Natur. Die Cleverness, mit der wir erkennen, wie unpersönlich und unbarmherzig das Leben seinem Wesen nach ist, ist am Ende ebenso kurzsichtig und einschränkend wie die kindische Annahme, das ganze Leben sei dazu da, uns Vergnügen zu bereiten und glücklich zu machen.

Wenn wir unserer eigenen Cleverness überdrüssig werden, sehnen wir uns oft nach der Unschuld früherer Jahre zurück. Wir setzen kindische Sichtweisen mit Unschuld gleich und pendeln zwischen resignierter Selbstaufgabe und blinder Scharfsicht hin und her. Die alten Zeiten sind nur in der gleichen Weise unschuldig, wie die Larve unschuldig der kommenden Metamorphose harrt. Und die Engstirnigkeit, die auf Verletzungen aus der Vergangenheit beruht, zeugt nicht gerade von Scharfsicht.

Dabei ist es möglich, die Schmerzen, von denen Lebensveränderungen begleitet sind, ohne Engstirnigkeit zu akzeptieren. Es ist möglich, das Stigma, mit dem die Pseudounschuld Schmerz und Verlust versieht, zu entfernen und sich dem Schmerz und Verlust mit weit offenen Augen voll und ganz zu stellen. Es ist möglich, bewusst die Reife zu erlangen, um für alles, was kommen mag, bereit zu sein, ohne irgendeine Vorstellung davon zu haben, was es sein könnte. Und diese Möglichkeit besteht, wenn wir das erkennen, was unveränderlich bleibt, während sich alles andere verändert.

Die Klugheit des Neinsagens, also etwas ablehnen oder sich dagegen sträuben zu können, ist ein Zeichen der Reife. Es ist klug und vernünftig, sich etwas zu verweigern, das unerwünscht und unnötig ist. Darin zeigen sich Mündigkeit und geistige Scharfsicht. Selbst als Kinder verweigern wir uns. Verweigerung ist Macht, und diese Macht gut einzusetzen ist weise. Zynismus macht aus der Ablehnung eine Religion. Wie alle Religionen geht er mit einem Bekenntnis, einem Dogma und einer bestimmten Weltsicht einher. Und ebenso wie andere Religionen ist auch er in der Sehnsucht nach Freiheit begründet.

Die Methode des Zynikers ist es, offenzulegen, was an einem Angebot faul ist beziehungsweise faul sein könnte, egal ob es von einem Fremden kommt, auf einen Verlust folgt oder sich durch ein anderes inneres oder äußeres Ereignis ergibt. Die Grundhaltung, herausfinden zu wollen, was falsch sein könnte, zeugt von Intelligenz, aber prinzipiell immer danach *zu suchen*, ist unsinnig. Wie stets, wenn an einem Dogma festgehalten wird, stolpert der Bekennende schließlich über das, was ihn ursprünglich einmal befreien sollte.

Die Schläge, die der naiven Unschuld versetzt werden, bereiten den Boden für die Religion des Zynismus. Die Folge davon ist nicht der angestrebte Schutz vor falschen Göttern, Hirngespinsten oder Hausierern. Hat der Zynismus erst Wurzeln geschlagen, ist die Folge ein eingeengtes Leben.

Ich selbst habe in meinem Leben zu verschiedenen Zeiten mit dem Zynismus geliebäugelt. Noch heute verfalle ich in zynische Denkmuster, wenn ich mir die Nachrichten aus aller Welt ansehe. Außerdem bemerke ich neben dem Zynismus ein gewisses Gefühl der Überlegenheit, hämisch grinsen zu können. Wenn ich dem Gefühl hinter dem schützenden Zynismus auf den Grund gehe, stoße ich auf Schmerz. Und wenn ich aufhöre, mich vor diesem Schmerz zu schützen, erfahre ich ihn voll und ganz. Sobald ich nicht mehr den Gedanken folge, die meinen Zynismus rechtfertigen, spüre ich die ungeschminkte Wahrheit des bewussten Menschseins in einer Welt, die meinen Idealen nicht standhält. Indem ich mich bereitwillig der Erfahrung dieser ungeschminkten Wahrheit hingebe, meide ich die Realität von Verrat und falschen Göttern nicht länger und versuche auch nicht mehr, mich vor dem Schmerz zu schützen, den mir diese Realität bereitet. In dem Augenblick ist mein Geist offen, und obgleich der Schmerz noch gegenwärtig ist, bin ich mit mir im Frieden.

Wenn ich den Schmerz bereitwillig zulasse, tut er mir zwar manchmal noch weh, doch es fehlt das zynische Grinsen. Dann ist mir die Vergeblichkeit eines Großteils dessen, was die Menschheit tut, vollkommen bewusst, aber auch die Schönheit und das Mysterium des Ganzen. Dabei bin ich keineswegs getrennt von der Menschheit. Viele meiner eigenen Unternehmungen werden ebenfalls erfolglos enden, und doch ist immer etwas Schönes, Geheimnisvolles mit im Spiel. Meine Aufmerksamkeit wird wieder zu offener Neugier, und ich habe kein Bedürfnis mehr, das abzulehnen oder zu bestätigen, was ich vor mir sehe. In solch einem Moment der Hingabe sind sowohl das Ja als auch das Nein plötzlich befreit von der Notwendigkeit, mich vor Schmerzen zu schützen, und entspringen nur noch der natürlichen Intelligenz.

Wenn wir uns tief in die Situation der Familie in unserer Lehrgeschichte beim plötzlichen Verlust ihrer Unschuld einfühlen, können wir auch den aufkommenden Zynismus verstehen. Aus der Geschichte geht nicht genau hervor, wie lange der Zynismus brauchte, um sich durchzusetzen, aber es hat offensichtlich einige Zeit gedauert. Das wissen wir bestens von uns selbst. Es ist nicht gleich der erste Schlag, bei dem wir uns winden, zurückschlagen oder ausweichen.

Bei Missbrauch ist es vernünftig, sich zu wehren, wegzurennen oder sich zu verstecken. Doch wenn wir uns schon von der Welt als solcher missbraucht fühlen, schränken wir uns durch unser Zurückschlagen oder Verstecken nur ein. Sich von der Welt und all ihrem Lärm zurückzuziehen, ist wohltuend und notwendig, um tiefe Ruhe zu finden. Aber wenn unser Rückzug nichts anderes als ein Ausweichen aus Weltverleugnung ist oder ein Zurwehrsetzen mit den Waffen des Zynismus, leiden wir nur noch mehr. Dann ist unser eigener Geist das Missbrauchsinstrument.

Wenn ich mich an meine Zeit im Heim erinnere und bedenke, wie sich mein Herz gegen meine Familie verhärtete, erkenne ich, dass diese Verhärtung alle nachfolgenden Familienereignisse noch jahrzehntelang überschattet hat, bis ich mich dem Schmerz endlich stellen konnte, gegen den ich mich gepanzert hatte.

In vielen anderen Bereichen meines Lebens blieb ich aufgeschlossen und neugierig. Was meine Freunde, meine Zukunftsaussichten und mein Leben allgemein betraf, war ich für Neuentdeckungen bereit. Meiner Familie und später anderen, die für mich Familie darstellten – den »Bezugspersonen« also –, misstraute ich hingegen und war mir sicher, dass sie mir nur noch mehr Wunden zufügen würden. Einen Beweis für ihre Unzuverlässigkeit sah ich immer dann erbracht, wenn ihr Verhalten mit meinen Idealvorstellungen davon kollidierte, wie sie sich benehmen müssten. Diese Beweise sammelten sich an, bis unsere Beziehung in eine Art Belagerungszustand überging, in dem es gelegentlich zu offenen Kampfhandlungen kam. Sie konnten mir nie genügend Liebe zeigen, um mich wissen zu lassen, dass sie mich wirklich liebten. Und mir fiel es nicht ein, sie als eigenständige Menschen mit eigenem Leben und eigenen Problemen zu sehen. Es ging immer um mich.

Meine Eltern und die meisten der langjährigen Bezugspersonen spielten meine gewohnheitsmäßigen Kriegsspiele nicht mit. Sie lebten ihr Leben, wie sie es für richtig hielten, und nicht, wie es mir richtig erschien. Für meine Aggressionen, die mit Melancholie wechselten, hatte keiner etwas übrig. Wenn ich merkte, dass meine Wut und Traurigkeit keine Wirkung auf sie hatten, wurde ich noch melancholischer. Mein Elend wurde zu meiner zweiten Identität. Ich konnte nur noch auf Flucht sinnen.

Mit diesen Fluchtgedanken fing meine Geschichte an. Ich fand die verschiedensten Möglichkeiten zur Flucht: meine Pubertät, das College und meine erste Ehe, Veränderungen meines Lebensstils, den Wissenserwerb, das Sammeln von Erfahrungen, das Experimentieren mit Gefahr und den Erfolg. Erst in den Jahren, bevor ich Papaji kennenlernte, und vor allem, als ich ihm endlich begegnete, wurde mir allmählich klar, dass meine Fluchtmanöver inzwischen selbst die Quelle meines Elends waren. Die Fluchtversuche vor der Möglichkeit, verletzt zu werden, im ständigen Wechsel mit dem Drama der unvermeidlichen Verletzungen durch das Leben waren zum Dogma meiner Verletzungsreligion geworden. Je mehr ich mein Leid zu verdrängen versuchte, umso mehr konzentrierte sich mein Leben auf dieses Dogma. Wie alle Dogmen hatte es mich mit der Verheißung der Erlösung verführt. Ich hatte nie gedacht, dass mich mein Dogma zynisch machen würde, ja, ich war mir nicht einmal bewusst, dass Zynismus in meinem Leben Einzug gehalten hatte. Aber es stimmte.

Solange ich Möglichkeiten fand, dem, was mich quälte, zu entkommen, konnte ich die Verhärtung meines Herzens, die ich insgeheim in meinem Innern spürte, verdrängen. Diese Verhärtung des Herzens war durch meinen Zynismus gegenüber meiner Fähigkeit bedingt, wahrhaft lieben zu können und geliebt zu werden. Sie war bedingt durch meine Weigerung, mich tief auf den Schmerz der Schicksalsschläge einzulassen, und meine Ablehnung der offenen, lauteren Unschuld, die unter alledem lebendig war.

Weiterführende Fragen

Wenn du deine eigene Geschichte untersuchst, findest du da Parallelen? Wir erfahren alle unser Leben und einzelne Ereignisse unseres Lebens auf jeweils einzigartige Weise. Aber unter der Oberfläche des Geschehens, die so unterschiedlich erscheint, stoßen wir auf Muster und Gewohnheiten, die sehr ähnlich sind. Die nachfolgenden Fragen sollen dir dabei helfen, herauszufinden, in welcher Gestalt Zynismus, Verweigerung und Verleugnung in deiner Lebensgeschichte vorkommen. Im Wesentlichen aber sollen sie dich darin unterstützen, zu verstehen, was deine Lebensgeschichte dich lehren will.

1. Bist du je in Negativität versunken? Wenn ja, warst du dir dabei bewusst, dass du in negativen Gedanken und Emotionen schwelgtest (das heißt, dir zwanghaft die ursächlichen Faktoren ins Gedächtnis zurückholtest und immer wieder durchgingst)?
2. Erinnerst du dich, ob du die Zustimmung anderer gesucht hast, um dich in deinem Leid bestätigt zu finden? Und mit welchem Ergebnis?
3. Kannst du dir diese Empfindung jetzt, in diesem Augenblick, noch einmal vergegenwärtigen?
4. Wenn ja, kannst du diese Emotion dann einfach als Energie betrachten, ohne sie zu verdrängen, indem du dich davon distanzierst, oder darin zu schwelgen, indem du dir die Geschichte des Ereignisses ausmalst, das sie ausgelöst hat?

5. Nimm dir im Geiste eine deiner Geschichten vor und beende sie einfach mitten in einem Satz.
6. Was hat das für Folgen?

10

Die richtige Frage

Nachts in meinem kalten Eisenbett im Heim betete ich. Natürlich hatte ich nur kindliche Vorstellungen vom Beten, aber die vertrat ich mit geradezu wilder Entschlossenheit. Mir fehlte die nötige Reife, um zu fragen, wie oder warum ich in diese Situation geraten war; ich wusste nur, dass ich verzweifelt nach einem Ausweg suchte. Ich betete zu Jesus, zu meinem Idealbild eines Jesus, der mich unzweifelhaft liebte und mich retten konnte. In einer gesegneten Nacht, auf der Schwelle zwischen Wachen und Schlafen, nahm ich eine sanfte, strahlende Präsenz wahr, die mir tiefen Trost spendete. Jesus hatte mir einen Schutzengel geschickt, der mir zur Seite stehen sollte! Ich staunte, akzeptierte diese Präsenz jedoch, weil ich sie als etwas Natürliches, Vertrautes empfand. Ich überließ mich bereitwillig der Liebe, von der ich mich gehalten fühlte, und kam endlich zur Ruhe.

Von da an kommunizierte ich jede Nacht mit meinem Schutzengel. Er war eine Realität für mich, und mit der Zeit nahm er in meiner Vorstellung die Gestalt einer Frau an, wie es meinem Gefühl entsprach. Vor meinem inneren Auge sah sie so aus wie der schöne, von Liebe erfüllte Schutzengel auf einem Bild, das ich einmal gesehen hatte, wo er über zwei kleine Kinder wachte, die von einem herannahenden Unwetter bedroht wurden. Ich fühlte mich rundum wohl in ihrer Gegenwart und wusste zweifelsfrei, dass sie da sein würde, wenn ich sie brauchte. Vielleicht nahm sie Mammys Platz ein, da sie – im Gegensatz zu Mammy – überall und jederzeit bei mir war.

Viel später in meinem Leben hatte ich komplexere Erklärungen für das, was geschehen war, aber eins stand auch ohne Erklärung fest, nämlich dass ich durch dieses Erlebnis in meiner Verzweiflung Trost und Zuspruch fand. Mein Blick auf die Welt hellte sich auf, und ich konnte mich wieder am Abenteuer des Lebens freuen, statt auf meine inneren Nöte fixiert zu sein.

Mit allem ging es fortan besser. Ich aß mehr, spielte mühelos mit anderen Kindern, und eines Tages kam meine Familie, um mich abzuholen. Ich kann mich nicht einmal mehr an diesen Tag erinnern, weil ich ja schon errettet worden war, als mein Schutzengel bei mir erschienen war. Wieder in Clarksdale, war das Leben in jeder Hinsicht einfacher. Da ich mich nicht mehr ausschließlich auf das konzentrierte, was ich nicht bekommen konnte, stellte sich auch die Liebe zu meiner Babyschwester ganz von selbst ein.

Ich hatte ein paar Monate der ersten Schulklasse verpasst, deshalb schickten meine Eltern mich auf die örtliche katholische Schule, wo die Klassen kleiner waren und ich, wie sie meinten, mehr Zuwendung erhielt. Vieles an dieser Schule war schrecklich: Die Nonnen mit ihren langen, wollenen Habits, ihrem merkwürdigen Geruch und ihren ausladenden gestärkten Brusttüchern sahen aus wie böse Hexen und benahmen sich oft auch so. Da ich der protestantischen Episkopalkirche angehörte, betrachteten mich die Nonnen als gottlos; ich musste aber trotzdem an der morgendlichen Katechismusstunde teilnehmen. Welch eine Überraschung, dass sie mir gefiel! Ich lernte einen leidenschaftlichen Jesus kennen, von hingebungsvollen Jüngern umgeben, die willens waren, eines schrecklichen Todes zu sterben, nur um im Himmel wieder mit ihm vereint zu werden. Es war ein Jesus, dessen Herz von all der Liebe, die er für uns alle (auch mich!) hatte, überfloss. Und daneben gab es noch seine schöne, ewig reine Mutter, die uns still unter die Obhut ihrer ausgebreiteten Arme nahm. Die Bilder und Geschichten der Heiligen vervollständigten die heilige Familie, mit der ich jetzt Tag für Tag zusammen war. Ich hatte das Gefühl, in meiner wahren Familie angekommen und endlich zu Hause zu sein. Ich war überglücklich.

Als ich anfing, überall im Haus kleine Altäre für Maria und Jesus einzurichten, merkten meine Eltern ziemlich schnell, dass nicht alles so lief, wie sie es sich vorgestellt hatten. Als ich darum bat, mit meinen katholischen Cousinen zur Messe gehen zu dürfen, erlaubten sie es mir einige Male. Zu ihrer Bestürzung mussten sie allerdings bald feststellen, dass sie offenbar einer gewissen Überspanntheit meinerseits Vorschub leisteten, wenn sie mich weiter auf die katholische Schule gehen ließen, und so kam ich in der zweiten Klasse auf die öffentliche Schule von Clarksdale.

Ich fügte mich ihren Wünschen und zügelte meinen religiösen Eifer. Erst später wurde mir klar, welchen Preis ich für diese Anpassung bezahlte, aber ich hatte weiterhin meinen Schutzengel und liebte Jesus von ganzem Herzen. Meine Gebete waren erhört worden. Gnade war über mein emotional verödetes Leben gekommen und hatte mein verkümmertes Herz erfüllt. Zwar hielt die Zukunft neben vielen Augenblicken voller Liebe noch lange Zeitspannen voller Leid für mich bereit, und ich lernte auch erst nach jahrzehntelangen vergeblichen Anstrengungen, am Mysterium der Liebe, das sich mir in meinem tiefsten Elend offenbart hatte, unerschütterlich festzuhalten. Aber zunächst einmal war ich zufrieden und fühlte mich nicht mehr einsam und verlassen.

In unserer Lehrgeschichte ist es das jüngste Kind, das noch genügend Unschuld und Offenheit besitzt, um schließlich die richtige Frage zu stellen. Eine ganz einfache, naheliegende Frage, die dennoch den komplexen mentalen Nebel des Zynismus durchdringt: »Zeigst du uns, wo der Schatz liegt?«

Die einfachsten Fragen legen die schlichte, unleugbare Wahrheit bloß, die all unseren komplizierten geistigen Verrenkungen zugrunde liegt. Wenn wir uns zum ersten Mal bewusst werden, dass wir *sind*, können wir nur noch staunen, und diesem Staunen begegnen wir mit Verstand. Wir sind, aber wer oder was sind wir? Zu den Sternen aufzublicken, unseren eigenen und andere Körper zu entdecken, als Kranke oder Gesunde zu Bewusstsein zu kommen, all das trägt zu unserem Staunen und unserer Fähigkeit bei, intelligente Fragen und Antworten zu formulieren. Große Fragen führen zu großen Erkenntnissen. Die Feedbackschleife großer Fragen und großer Erkenntnisse lässt uns immer weiter fragen und zu immer größeren Erkenntnissen kommen.

Im Laufe der Jahrtausende hat unser Fragen uns auf vielfältige Weise sowohl zum Licht am Ende des Tunnels geführt als auch in Sackgassen, denn wir Menschen lernen meist am besten durch Versuch und Irrtum. Manchmal können wir aus den Überlieferungen derer, die vor uns waren, lernen, und manchmal müssen wir von Neuem zu der betreffenden Erkenntnis kommen, egal, wie oft sie schon gemacht worden ist. Wir können davor gewarnt oder dazu eingeladen werden, nur müssen wir, um etwas wirklich zu ergründen, selbst davon kosten. Da dieser Vorgang Zeit erfordert, verlassen wir uns zu Recht darauf, dass uns andere die nötigen Informationen über diese gemeinsamen Lebenserfahrungen liefern. Wir haben Wissenschaftler aller Fachbereiche, Künstler aller Art, Philosophen aller Denkrichtungen sowie Forscher und Kartografen unserer physischen Welt, die ihre Erkenntnisse mit uns teilen. Wir lernen von ihnen und staunen über das alles. Wir werden dadurch informiert, unterhalten und beschützt. Wir finden Anregung und Trost in dem Wissen, das uns zur Verfügung steht.

Und doch, wenn wir nicht *uns selbst* die grundlegendste und einfachste aller Fragen stellen, werden wir uns nie direkt selbst erfahren. Die Reise vom bedingungslosen Wunder der ersten Selbsterforschung bis zur tiefsten Selbstverwirklichung dauert ewig, es sei denn, sie wird durch die richtige Frage jäh beendet.

Unsere Lehrgeschichte zeigt, wie stark Kummer und Not die natürliche Klarheit des Geistes trüben können, sodass die einfachste und entscheidendste Frage den Leuten gar nicht in den Sinn kommt. Als der Fremde in Erscheinung tritt, sind alle Familienmitglieder bereits ihren jeweiligen negativen Denkweisen erlegen. Sie haben aufgegeben, statt sich hinzugeben. Sie haben sich geschlagen gegeben, statt sich zu öffnen. Jetzt ist die Not zur Realität ihres Lebens geworden, und an einen Ausweg denken sie überhaupt nicht mehr. In ihrer Kümmernis verteidigen sie sogar ihr Elend gegen das Angebot des Fremden. Sie halten am Stillstand und den Endlosschleifen ihres Denkens fest, als sei das die Wirklichkeit.

Wir wundern uns vielleicht über ihre klägliche Dummheit, aber wenn wir in dieser Familie die Menschheitsfamilie wiedererkennen und in jedem Familienmitglied uns selbst, kommen wir der Einsicht näher, dass auch wir oft an dem festhalten, was zu unserem Elend beiträgt. Auf merkwürdige und kontraproduktive Weise entwickeln wir die Gewohnheit, unser Opferdenken zu verteidigen. Diese Form von allgemeiner Dummheit zu erkennen, ist der erste Schritt dazu, den Geist unbekannten Möglichkeiten zu öffnen. Wenn wir unser Leiden tief ergründen, laden wir zugleich die Gnade zu uns ein.

Und im Augenblick der Gnade taucht die richtige Frage auf. Die richtige Frage bringt ganz von selbst die richtige Antwort hervor oder schafft zumindest Raum für neue Erkenntnisse und Entdeckungen. Der Fremde kann mit seinen Antworten auf die falschen Fragen, die an ihn gerichtet werden, die Familienmitglieder nicht zufriedenstellen. Sie fragen ihn: »Warum verhöhnst du uns?«, und er antwortet: »Ich verhöhne euch nicht. Ich möchte euch helfen!« Sie wollen in ihrer Blindheit nur stur ihre Frage nach dem Grund für seinen Hohn beantwortet haben. Die richtige Frage kann der Fremde leicht beantworten: »Zeigst du es uns?« Der Raum wird weit. Das Meer teilt sich. Der Weg ist frei. Die Sache ist klar.

Als Kinder verfügen wir meist noch nicht über die kognitiven Fähigkeiten, um eine entscheidende Frage formulieren zu können. Fragen wir: »Wer bin ich?«, wird uns als Antwort unser Name genannt oder ein Bezug hergestellt (»Du bist Papis kleines Mädchen…«). Im Erwachsenenalter sind unsere kognitiven Funktionen so hoch entwickelt, dass wir nur noch komplexe Fragen stellen können und die einfachen übersehen. Fragen wie »Warum widerfährt das mir?«, »Was muss ich tun, damit etwas geschieht oder nicht geschieht?«, »Wer hat mir das angetan?« sind nur Beispiele für die vielen Fragen, die wir stellen, auf die es nur vielschichtige, komplexe Antworten gibt. Natürlich spiegeln komplexe Antworten die Komplexität vieler Situationen wider und haben durchaus ihren Sinn. Trotzdem lenken sie die Aufmerksamkeit nur auf das Labyrinth unzähliger neuer Versionen der immer gleichen Geschichte. Sie führen nie zu der unendlichen Antwort ohne Geschichte, zur nackten Wahrheit über uns selbst.

Selbst mit einem kindlichen Gebet um Hilfe kann sich der Geist öffnen und dem höchsten Schutz anvertrauen. Ob die lebensspendende Präsenz Schutzengel, Selbst oder Seele genannt wird, die Namen sind alle viel komplizierter als die real erfahrene Präsenz selbst.

Wenn wir immer wieder Fragen stellen, die uns nur noch mehr Leiden bescheren, vertun wir unsere Zeit damit und drehen uns im Kreis. Wenn wir ständig fragen: »Warum? Warum? Warum?«, jagen wir aus sinnloser Gewohnheit dem eigenen Schwanz nach. Auch die Konzentration darauf, wen die Schuld trifft, was wir besser getan oder unterlassen haben sollten oder was wir hätten tun oder nicht tun können, fixiert unsere Aufmerksamkeit auf das Problem statt auf dessen Lösung.

Die richtige Frage ist ein Beispiel dafür, wie sich die angeborene Intelligenz Bahn bricht, selbst wenn es aus den falschen Gründen zu geschehen scheint. In unserer Geschichte will das jüngste Kind den Fremden davon abhalten, die Familie noch länger mit seinem Gerede von einem Schatz zu belästigen. Der Hinweis auf einen Schatz ist für alle schmerzlich, da er sie nur noch mehr auf ihre Notlage hinweist. Alle wollen bloß, dass der Fremde endlich geht. Dessen ungeachtet wird die richtige Frage gestellt. »Wenn er so sicher ist, warum fragen wir ihn nicht, wo der Schatz ist?« Obgleich sie eigentlich als Strategie gedacht war, um den Fremden zu vertreiben, dient die Frage tatsächlich dazu, die Blockierung bei der Familie aufzulösen, sodass sie sich der angebotenen Möglichkeit nicht länger verweigert. Die Lösung wird durch die überraschende Antwort des Fremden bestätigt: »Das will ich gerne tun.«

Unser Leben lang sind die bewussten Wendepunkte auf tiefgreifende Fragen wie diese gefolgt: »Was will ich?«, »Was hat das alles für einen Sinn?«, »Worum geht es in meinem Leben?«, »Was mache ich eigentlich?«, »Was soll ich tun?«, »Warum leide ich?«, »Wie kann ich mein Leben verändern?«, »Wie werde ich glücklich?«, »Wo ist Gott?«, »Wer bin ich?«.

Die Liste könnte zwar endlos fortgesetzt werden, aber wenn gewisse entscheidende Fragen gestellt werden, lenkt die Frage selbst die Aufmerksamkeit zur Antwort hin. Die richtige Frage ist nie zufriedenstellend mit abgedroschenen

Gewohnheitsantworten zu beantworten. Als der indische Weise Ramana Maharshi in seiner Jugend einmal große Todesangst erlebte, fragte er sich: »Wer stirbt?« Die Ergründung dieser tiefschürfenden Frage führte ihn schließlich zum Erwachen, zur Erkenntnis dessen, was nicht sterben kann. Er wies seine Anhänger an, sich die Frage zu stellen: »Wer bin ich?« Wenn sie aufrichtig und aus ganzem Herzen gestellt wird, offenbart sich schließlich grenzenlose Bewusstheit als die wahre Identität. Die Frage selbst legt die Präsenz des Bewusstseins offen, das nicht auf den Körper eines bestimmten Fragenden beschränkt ist.

Wenn wir bereit sind, die richtige Frage zu stellen, erhalten wir auch Antwort. Wenn wir gewillt sind, in unseren mentalen Aktivitäten innezuhalten, um die *entscheidenden* Fragen zu stellen, liegt das, was es zu entdecken gibt, offen vor uns.

Weiterführende Fragen

1. Was wünschst du dir?
2. Wenn du es bekämst, was hättest du davon?
   (Wiederhole Frage 2, bis aus deiner Antwort klar wird, was du in deinem tiefsten Innern wirklich willst.)
3. Wo hast du danach gesucht?
4. Was ist in deinem tiefsten Innern präsent, das keine Geschichte, keine Emotion und keine Sinnesempfindung als Bezugspunkt benötigt?

11

Die Entdeckung

Wenn die richtige Frage gestellt wird und die Aufmerksamkeit auf das Ziel gerichtet ist, statt auf Verlust und Negativität, erweitert sich die Wahrnehmung des inneren Raums. Wofür wir noch einen Augenblick zuvor blind waren, liegt plötzlich auf der Hand. Innere und äußere Kräfte können den Weg zur Entdeckung der Wahrheit versperren, aber im Augenblick der Entdeckung selbst ist nur die erstaunliche Offenbarung präsent.

In allen Geschichten ist der Augenblick der Entdeckung der Schlüsselmoment. Danach ist die Welt nicht mehr flach, der Mond gar nicht mehr so weit entfernt, und selbst eine unheilbare Krankheit kann überwunden werden. Natürlich sind nicht alle Entdeckungen Glücksfälle. Ein Freund kann sich als Feind erweisen; was wir für wahr gehalten haben, kann sich als Lüge herausstellen. Wir entdecken vielleicht, dass eine Krankheit unser Leben im Würgegriff hat oder dass wir schon verloren haben, was wir am meisten lieben. In einer Tragödie entdecken wir ein paar bittere Wahrheiten, und in Neubeginn und Geburt erkennen wir zu unserer Freude die ewige Weisheit. Als bewusste, intelligente Geschöpfe machen wir in unserem Leben fortwährend Entdeckungen aller Art.

Die Familie aus unserer Lehrgeschichte hat einen glücklichen Fund gemacht und ist auf einen verborgenen Schatz gestoßen, gewiss eine Entdeckung wie in einem archetypischen Traum. Ihre materielle Not ist vorüber, und sie fühlt sich zu Recht gerettet. Da es sich um eine Lehrgeschichte über die segensreiche Wahrheit im Herzen unseres Daseins handelt, verlassen wir unsere Familie im Augenblick ihrer großen Entdeckung.

Wenn die Familienmitglieder aus ihren Problemen etwas gelernt haben, werden sie sich in diesem unverhofften Glücksfall besonnen verhalten. Vielleicht empfinden sie Mitgefühl mit dem Leid anderer Menschen. Oder sie nehmen ihre Not – und die Erlösung davon – sogar als Gelegenheit wahr, die entscheidenden Fragen des Lebens und der eigenen Identität zu untersuchen. Wir wissen, dass auf sie, falls sie vergessen, wie schnell sich die Lebensumstände verändern können, noch mehr schwere Lektionen warten.

Sie haben eine wunderbare Entdeckung gemacht, die jedoch nichts ist im Vergleich zu der größten aller Entdeckungen, die unsere Geschichte uns lehren will. Bei der Entdeckung, die die Familie macht, geht es im Grunde nicht um die Wiedergewinnung des materiellen Reichtums, sondern um die Tatsache, dass er immer schon unter ihren Füßen *da war*. Wir hoffen und glauben, dass uns materieller Wohlstand retten und erlösen wird, dass er auch uns emotional und mental bereichert. Und gewiss, Reichtum aller Art gibt uns das Gefühl einer fundamentalen Sicherheit. Wir brauchen die Bedeutung einer ausreichenden (oder die Freude einer überreichlichen) materiellen, emotionalen und mentalen Versorgung nicht zu schmälern, um uns darüber im Klaren zu sein, dass nichts davon auf die Dauer Erfüllung garantiert.

Selbst wenn die Familie weise mit ihrem materiellen Überfluss umgeht, wie steht es denn mit ihrem wahren, dem inneren Reichtum? Wir erfahren nicht, ob sie auch nur eine Ahnung hat, was »innerer Reichtum« überhaupt bedeutet, aber wir können in unserer eigenen Geschichte bei der Wahrheit bleiben. Bist du dir deines inneren Reichtums bewusst? Ist er dir verborgen, hast du ihn gar vergessen, oder gehst du ihm auf den Grund, um herauszufinden, wo seine Grenzen sind?

Eine der wichtigsten Entdeckungen, die ich in meinem Leben gemacht habe, war zwar in erster Linie negativ, aber durch sie machte ich schließlich die absolut entscheidende Entdeckung meines Lebens. Ende der 1980er Jahre lebte ich sehr gut. Eli und ich waren von Bolinas nach Mill Valley gezogen. Wir wohnten in einem wunderhübschen kleinen Haus, für das wir eine sehr erträgliche Hypothek aufgenommen hatten. Wir gingen beide einer befriedigenden Arbeit nach und sahen, obwohl es in unserer Beziehung noch immer ab und zu Probleme gab, einer im anderen den Lebenspartner. Wir liebten den Ort, in dem wir lebten, und wir liebten einander. Und doch…

Immer wieder machte sich eine Sehnsucht bemerkbar. Sie machte mir klar, dass in meinem tiefsten Innern, wie immer mein Leben auch aussehen und sich anfühlen mochte und wie weit ich mich auch von meiner früheren Unzufriedenheit entfernt hatte, etwas unvollendet geblieben war. Ich hätte nicht sagen können, *was* unvollendet war, da es mir an nichts Bestimmtem fehlte. Oft ignorierte ich das Sehnen einfach oder sah es als Teil meiner neurotischen mentalen und emotionalen Fixierung an.

Zum damaligen Zeitpunkt in meinem Leben war ich mir sicher, dass ich alles herausgefunden hatte, was ich wissen musste, um ein glückliches, sinnvolles Leben zu führen. Ich hatte verschiedene spirituelle und weltliche Wege erkundet und viele brauchbare Möglichkeiten aufgetan, um die Sehnsucht in meinem Herzen zu besänftigen. Ich ging in der Natur spazieren oder tanzte, wenn ich gestresst war. Ich meditierte, um meinen hyperaktiven Geist zur Ruhe zu bringen. Ich konnte mich selbst vergessen, wenn ich anderen half, die in irgendeiner Weise Not litten. Ich wusste, dass ich mit meinem Partner direkt und ehrlich kommunizieren musste, wenn unsere Beziehung reifen sollte. Ich folgte beim Wählen wie beim Einkaufen meinem Gewissen und meinem Herzen. Ich wusste vieles, aber ich wusste noch immer nicht, was die Sehnsucht eigentlich von mir wollte.

Am Ende sah ich ein, dass ich nichts wusste. Das löste zu Anfang negative Gefühle bei mir aus. Ich *dachte*, dass ich wissen *müsste*. Ich *wollte* wissen. Ich wollte, dass das unangenehme Gefühl in meiner Brust durch alles, was ich wusste und übte, verschwinden sollte. Nach einer kurzen, elenden Phase der Auflehnung gegen die Wahrheit sah ich ein, dass ich mich wieder einmal – wenn ich ganz ehrlich mit mir selber war – nach etwas sehnte, das ich nicht einmal benennen konnte. Ich ließ allen Stolz auf meine Leistungen fahren und erkannte, dass ich in Wahrheit auf einer grundlegenden Ebene unerfüllt geblieben war.

Ebenso wie ich vor über vierzig Jahren um Erlösung gebetet hatte, betete ich jetzt darum, die Wahrheit erkennen zu dürfen. Lag die Wahrheit in den kurzen Augenblicken der Vollkommenheit und Schönheit, die ich erlebt hatte, oder offenbarte sie sich in der Plackerei des Lebens und war der flüchtige Vorgeschmack von grenzenloser Liebe nur ein Automatismus der Gehirnchemie zur Unterstützung des Körpers, während dieser sich durchs Leben quälte? Ich kannte die Antwort nicht, aber ich betete, dass ich, falls es jemanden gab, der die Wahrheit wusste, ihm begegnen und von ihm lernen möge.

Es war eine andere Art von Gebet als mein kindliches Beten zu Jesus. Wenn die Wahrheit lautete, dass wir zu Geburt, Fortpflanzung und Tod verdammte Geschöpfe sind, nur dazu bestimmt, in einem mechanischen Universum unsere Art zu erhalten, dann war ich gewillt, diese Realität hinzunehmen. Wenn die Wahrheit mehr umfasste, wollte ich das wissen. Ich hielt nach keinem Guru oder Erlöser mehr Ausschau; ich suchte nach einem wahren Lehrer.

Etwa ein Jahr, nachdem ich erkannt hatte, dass ich für die Wahrheit bereit war und dass ich Hilfe brauchte, wo und wie ich suchen sollte, begegnete ich meinem Lehrer. Zu meiner Überraschung war er ein Guru, und zu meinem noch größeren Erstaunen musste ich nach Indien reisen, um ihm zu begegnen. Ich hatte immer über die sentimentale, räucherduftgeschwängerte Beziehung zwischen einem sogenannten »Guru« und seinen Anhängern gelästert. Aufgrund meiner westlichen Bildung war ich sicher, allem, was ein Guru mir zeigen konnte, haushoch überlegen zu sein. Weder suchte ich mein Heil in kopfloser Flucht bei einem Guru, noch hatte ich etwas für einen neuen Namen oder überhaupt die Übernahme östlicher Traditionen in den eigenen Lebensstil übrig. Doch ich irrte mich. Meine sogenannte Bildung und Sicherheit hatten keine Bedeutung mehr, als mein Lehrer in mein Leben trat.

Eli war der Erste von uns beiden, der Papaji kennenlernte. Die Briefe, die er mir von seinem Besuch bei diesem bemerkenswerten Menschen schrieb, vibrierten nur so vor Liebe und Einsicht. Er schrieb, dieser Mann mit Namen H. W. L. Poonja sei echt und er käme zurück, um mich zu holen, damit auch ich dem begegnen könnte, wonach wir unser Leben lang gesucht hatten.

Wenig später fand ich mich am Ufer des Ganges einer enorm kraftvollen Präsenz und Energie gegenüber. Schon im allerersten Augenblick unserer Begegnung wusste ich, dass er die Antwort auf mein Gebet war. Er nahm uns an der Tür des kleinen Hauses, das er in Haridwar gemietet hatte, in Empfang. Als die Tür aufging, wurde ich mit einem ehrlichen und unverblümten »Willkommen! Hereinspaziert!« begrüßt. Seine dunklen Augen funkelten vor Intelligenz und Freude. Ich verliebte mich sofort in ihn.

Ich hatte keine Ahnung, was weiter geschehen würde, ich wusste nur, dass ich genau aufpassen würde. Was schließlich geschah, war die wichtigste Entdeckung meines Lebens. Damals ahnte ich das noch nicht, aber die Entdeckung, die ich in seiner Gegenwart, durch seine Güte und Führung, machen durfte, war meine geistige Öffnung, die mich ganz natürlich zu jener tiefgreifenden, wahrhaft unbeschreiblichen Veränderung weiterleitete, die dafür sorgte, dass mein Leben vom Kopf auf die Füße gestellt wurde. Ihm zu begegnen, ihm zuzuhören und bei ihm zu sein, führte zu einer Erkenntnis, die wie ein Donner bei mir einschlug und heute, zwanzig Jahre später, noch immer ihre Wirkung tut, wenn auch im Stillen.

Als ich meinen Lehrer fragte, wie ich die Wahrheit finden könnte – damals sagte ich »Freiheit« statt »Wahrheit« –, riet er mir, herauszufinden, wer ich bin. Als ich weiterfragte: »Und wie?«, sagte er nur: »Halt an und sei einfach still.«

Ohne zu verstehen, wie das Stillesein meine Fragen beantworten sollte, befolgte ich seinen Rat. Als ich seine Anweisung tiefer in mein Bewusstsein einsinken ließ, merkte ich, dass dieses *Anhalten* etwas sehr Bedrohliches für mich war. Ich stellte mir vor, dass ich, wenn ich still war und mit allem innehielt, regredieren und all meine spirituellen Verdienste verlieren würde. Ich wollte nicht wieder die werden, die ich in Clarksdale, Mississippi, gewesen war. Ich hatte Angst, ich hätte dann vielleicht keinerlei Bedürfnis mehr, mich um mich selbst oder um andere zu kümmern, wenn ich wirklich »anhielt«. Am Ende erkannte ich, dass nach meinem Verständnis Stillstand Sterben hieß. Ich hatte Angst vor dem Sterben. Nach einigen nutzlosen inneren Auseinandersetzungen wurde mir klar, dass ich zwar hier vor Ort sterben konnte, dass es jedoch unwahrscheinlich war. Ich erkannte, dass mich die Angst vor dem Tod davon abhielt, zu erforschen, was da war, wenn ich wirklich still war. Wenn ich aufhörte, nach etwas zu suchen oder mich vor etwas zu verstecken, was würde ich dann finden?

Papaji sagte mir, das, wonach ich suchte, sei mir näher als mein Atem oder mein Puls, und es sei immer da. Er sagte, nur das, was ohne Unterbrechung immer da sei, könnte wahrhaft wirklich genannt werden. Er sagte, ich solle herausfinden, was wirklich ist. Ich hörte ihm zu und hörte auf, Gedanken nachzuhängen, die sich mit meiner Zukunft befassten. Ich hörte auf, darüber nachzudenken, wer ich war und welche Bedürfnisse ich hatte. Ich war einfach still. Zu meinem Erstaunen merkte ich, dass die scheinbar kontinuierliche Erzählung, die meine Gedanken woben, gar nicht durchgehend war. Ich sah deutlich, dass die oder das, wofür ich mich hielt, mit den flüchtigen Gedanken und Definitionen wechselte. Meine Selbstdefinitionen waren gar nichts Festes und daher ohne Wirklichkeitsgehalt.

Als ich meine Aufmerksamkeit weiter nach innen und tiefer lenkte als jeden Gedanken von mir selbst, stieß ich auf den Raum des Bewusstseins. Raum voller Bewusstsein! Bewusstseinsraum, der schon immer den Hintergrund all meiner Gedanken gebildet hatte. War er kontinuierlich immer da? Papaji riet mir, das selbst herauszufinden. Ich begann meine Untersuchung damit, dass ich mich darauf konzentrierte, *wo* die Gedanken aufstiegen, statt dem entstehenden Strom der Gedanken zu folgen.

Gedanken kamen und gingen, während der Bewusstseinsraum, ungeachtet des Aufsteigens und Verschwindens dieser Gedanken, bestehen blieb. Definitionen, Beschreibungen und Geschichten von verwirrender Vielfalt, sie alle hatten einen Anfang und ein Ende. Mir wurde klar, dass es der Bewusstseinsraum war, der alles hervorbrachte und alles enthielt. Ich entdeckte, dass dieser Bewusstseinsraum sowohl Stille als auch Gewahrsein war. Ich war mir meiner selbst als dieses stille Gewahrsein bewusst.

Ich stellte fest, dass ich untrennbar mit dem, was im Bewusstsein in Erscheinung trat (Körper, Gedanken, Emotionen, Zustände) verbunden und zugleich unabhängig von allen Formen war. Ich entdeckte, dass die Dualität unserer

Alltagswahrnehmungen in die Einheit des Bewusstseinsraums eingebettet und von ihr durchdrungen ist.

Still und leer und zugleich voll, ging ich ganz auf im kontinuierlichen Gewahrsein, in dem ich paradoxerweise sowohl zu mir selbst fand als auch erkannte, dass ich immer gewusst hatte, wer ich bin. Diese verblüffende – und naheliegende! – Entdeckung war von der reinsten Liebe durchdrungen, die ich je erlebt hatte. Ich hatte Menschen, Orte und Gegenstände voller Schönheit geliebt, aber diese Liebe liebte ohne Einschränkung und ohne Bedingungen. Ich fand mich selbst sowohl im Subjekt als auch im Objekt der Liebe.

In den ersten Tagen und Wochen nach dieser erstaunlichen Entdeckung schwankte meine Aufmerksamkeit hin und her zwischen der erhabenen Ruhe ihres Ursprungs und hektischen Versuchen, das zu definieren oder zu kontrollieren, was mir offenbart worden war. Schließlich hat unser Gehirn unter anderem die Aufgabe, unserer Welt einen Sinn abzugewinnen. Fiel ich in meine Gewohnheit zurück, über das *nachzudenken*, was gerade geschah, geriet ich lediglich in Verwirrung und Abwehr. Gewannen meine Gedanken die Oberhand, erfasste mich eine gelinde Panik, ich könnte das verlieren, wovon ich kurz zuvor noch gedacht hatte, es nie verlieren zu können. Ich pflegte zu denken: »Wo ist es denn jetzt? Wie konnte ich es bloß verlieren?« Und dann hörte ich im Geiste Papaji, wie er sagte: »Halt an. Sei still. Erkenne, wer du bist.« Dermaßen ermutigt, konnte ich meine Gewohnheit des Suchens aufgeben. Von dem Bedürfnis befreit, suchen zu müssen, um etwas zu finden, fand ich überall nur Liebe.

Am Ende wurde mir klar, dass es einen bestimmten Augenblick der Wahl gab: Ich konnte den Gedanken folgen oder still sein. Ich konnte mich mit einer Wirklichkeit identifizieren, die durch Denkprozesse entsteht, oder mit offener, weiter Bewusstheit. Es war ein Augenblick sowohl der Angst als auch der Entscheidung. Ich hatte die Wahl zwischen der scheinbaren Sicherheit von *Wissen*, das ich durch Deutung der Wirklichkeit erwarb, und *Erkenntnis*, dem Offensein für die Wirklichkeit. Der Wissenserwerb durch Denken vermittelt eine gewisse illusionäre Sicherheit, aber diese Pseudosicherheit erschien mir jetzt unbefriedigend und betäubend. Meine Wahl fiel und fällt auf das Erkennen.

Vom Horror einer Gehirnwäsche hatte ich gehört. Ich war als Kind einer Gehirnwäsche unterzogen worden, durch die ich Menschen mit dunkler Hautfarbe als minderwertig ansehen sollte. Ich war durch Gehirnwäsche zu dem Glauben verführt worden, den richtigen Mann zu finden bedeute ewiges Glück. Gehirnwäsche hatte mich beeinflusst zu glauben, dass dauerhafte Erfüllung zu finden sei, wenn ich nur das geheimnisvolle »Richtige« tat. Eine Gehirnwäsche bedeutet Ausgrenzung und erfordert den Ausschluss aller ihr widersprechenden Informationen. Ich traf die Entscheidung, mich von nun an allem ohne Ausnahme geistig zu öffnen.

Bei näherem Nachdenken erschien mir das unmöglich. Es war auch tatsächlich nicht möglich, wenn ich darüber nachdachte. Beim Denken wird die Aufmerksamkeit von einem Gegenstand abgezogen, um sie einem anderen zuzuwenden. Wenn wir uns nicht entscheiden können, welchem Gedanken wir den Vorzug geben wollen, geraten wir normalerweise in Verwirrung oder in »kognitive Dissonanz«, ein störendes Gefühl, aus dem heraus wir meist verzweifelt nach einem Gedanken suchen, der mit unserer angelernten Sicht der Wirklichkeit übereinstimmt.

Ich fand keinen Gedanken, der mich darin unterstützt hätte, mich geistig allem ohne Ausnahme zu öffnen. Ich fand auch keinen Gedanken, der das Innehalten im Denken gutgeheißen hätte. Mich zu öffnen war nur möglich, wenn ich es aufgab, jeden Gedanken als akkurat und verlässlich zu betrachten. Ich war dazu bereit. Gleichzeitig hatte ich große Angst vor den etwaigen Folgen. Doch ich stellte fest, dass ich mich selbst in Augenblicken größter Angst noch dafür entscheiden konnte, mich dem Unbekannten – und sogar dem gänzlich Unerkennbaren – zu öffnen.

Was ich fand, war in keiner Weise statisch oder trocken. Wie lässt sich eine Stille erklären, die das Universum umschließt und durchdringt? Ich hatte schon Bücher und Berichte über die Erleuchtung bedeutender Menschen gelesen und mir vorzustellen versucht, wie Erleuchtung sein könnte. Meine Entdeckung aber machte im Nu alle Vergleiche mit Zuständen und Graden von Selbstverwirklichung zunichte. Ich fand die Stille der Bewusstheit in der »Ich« genannten Form, erkannte jedoch auch, dass die Stille, die Bewusstseinssubstanz des Lebens, ungeschmälert und ohne Abstriche bestehen bleibt, selbst wenn diese Form längst vergangen ist. Ohne das lebendige Beseeltsein gibt es keine Form; und doch ist das Leben weiterhin da, wenn es keine Form mehr gibt (oder das lebendige Beseeltsein mit der Form zusammen aufhört).

Stilles Gewahrsein zu verwirklichen und als mein eigenes Selbst zu erfahren, löste eine Flut der Lebensbejahung aus. Die Angst vor dem Tod ließ nach, da das Leben ja auch nach dem Tod des Ich erhalten bleibt und ich ohnehin das Leben bin. Ich musste lachen, laut lachen, und Tränen der Glückseligkeit und des Staunens flossen. Alle Fragen und alle Antworten wurden von der unmittelbaren Erfahrung verschluckt, in der mir bewusst wurde, dass ich selbst Bewusstsein bin.

Und ich wurde dabei keineswegs hirntot oder empfindungslos, wie ich kurz vor meiner Selbstaufgabe noch gedacht hatte. Persönliche und globale Einsichten wallten in dem Maße in mir auf, in dem meine frühere Lebensklugheit verstummte. Die Klarheit reiner sinnlicher Erfahrung herrschte vor und fand Erfüllung in allem sinnlich Erfahrbaren. Der erhabene, glückselige Zustand der Selbsterkenntnis hielt sich eine Weile, doch auch nachdem sich das Gefühl der Glückseligkeit verflüchtigt hatte, stellte sich kein Verlangen, keine Reue und kein Empfinden ein, als hätte ich etwas verloren. Wie sich zeigte, ging das »Ich bin« allen erfahrbaren Zuständen voraus, durchdrang sie alle und überdauerte sie alle.

Es war keine Frage, ob etwas erhalten oder bewahrt werden sollte. Einfach zu sein in dem Gewahrsein, dass dieses Sein bewusst *ist*, bedeutete Erfüllung. Während mein suchender Geist ganz von selbst aufgab, öffneten sich mir Tag für Tag und sogar Stunde für Stunde neue Einsichtsfenster. Nachdem ich Haridwar verlassen hatte, schrieb ich Papaji mindestens einmal pro Tag, und er antwortete mit wunderbaren Briefen, in denen er mich bestätigte und ermutigte. Ich war vollkommen glücklich und hatte keinerlei Bedürfnisse mehr. Nichts mehr zu bedürfen, bereitete meinen Geist für den Blitzschlag vor, der mich eines Abends, als Eli und ich zusammensaßen und in Glücksgefühlen schwelgten, aus heiterem Himmel treffen sollte.

Es geschah einige Wochen nach meinem Besuch bei Papaji in Kalifornien, im Esalen-Zentrum, wo Eli eine Gruppe leitete. In einem Augenblick der Liebe zueinander, der Freude und der Dankbarkeit für die erstaunliche Gnade, unserem wahren Lehrer begegnet zu sein, blieb die Welt, wie ich sie gekannt hatte, stehen. Als sie sich wieder in Bewegung setzte (Zeit spielte dabei keine Rolle), war ich frei. Befreit von mir selbst als Form und frei auch von mir selbst als etwas von jeder Form Getrenntes. Frei von mir selbst als weder Form noch Formloses. Frei vom Ich und frei von der Ichlosigkeit. Frei vom Unerleuchtetsein und frei vom Erleuchtetsein. Erfüllung war da, und sie benötigte weder eine Suche noch einen Sucher. Die Geschichte von vergangenem Leid hatte in diesem Augenblick keine Bedeutung oder Macht mehr. Liebe und Frieden. Gesegneter Augenblick, gesegnetes Leben, alles war wahrhaft gut.

Ich schaute Eli an und sah, dass wir bei all unseren Unterschieden dasselbe Selbst waren. Unterschiede und Gleichheit waren Teil der Ganzheit des Selbst. Der Krieg zwischen *verschieden* und *gleich* kam zum Erliegen. Die einzige Beschreibung, die ich dafür fand, war das Lachen, das aus mir hervorquoll.

Bis heute kann ich nur sagen, dass es mir von dem Augenblick an weder an Entschlossenheit noch an Erfüllung mangelte. Es gab negative wie positive Zustände. Es gab

Trauer wie auch Freude. Es gab Nöte, und es gab Niederlagen, aber nichts hat mir die Gewissheit rauben können,
dass mein »Ich bin« ausnahmslos alles umfasst.

Und dass es immer schon da war. Ich konnte mein Leben Revue passieren lassen und meine persönliche Geschichte neu erzählen, um mich darin aus der Perspektive
des Bewusstseins als reines, stilles Gewahrsein zu erkennen, das immer da ist. Der einzige Unterschied war der,
dass ich jetzt mich selbst *als* Bewusstheit zugleich mit den
Objekten (ich, du, Ereignisse, Emotionen usw.) in die Bewusstheit einschloss.

Ich konnte denken, ohne mich von meinen Gedanken
tyrannisieren zu lassen. Ich konnte meine Geschichte erzählen, ohne dass sie dabei etwas anderes als eine weitere
Erscheinungsform des Lebens sein musste. Ich erkannte
denselben Lebensausdruck in allen Formen wieder, schö-
nen und schrecklichen. Ich sah dasselbe Leben ausgedrückt
in allen Emotionen, in allem Abwenden und in allem Zuwenden. Ich erkannte die Unkontrollierbarkeit wie die Un-
bezweifelbarkeit des zu sich selbst erwachten Lebens und
fiel voller Dankbarkeit und Staunen auf die Knie.

Meine Entdeckung blieb meinem Lehrer – meinem Guru –
nicht verborgen. Er war darüber sehr glücklich. Er unter-
stützte und bestätigte mich in meiner Erkenntnis und trieb
mich immer dazu an, eine noch umfassendere, tiefere, voll-
ständigere Entdeckung zu machen. Seine Worte waren:
»Sieh, ob du ein Ende findest.« Er sagte mir auch, diese
Entdeckung sei etwas so Kostbares, dass das Denken versuchen würde, sie zu stehlen, und als guter Dieb würde es
alle verfügbare Geschicklichkeit und Kraft aufbieten, um

diesen kostbaren Schatz in seinen Besitz zu bringen. Das Denken sei so etwas wie ein Wolf im Schafspelz, und ich müsste ständig wachsam sein.

Es warteten noch viele andere Entdeckungen auf mich, als ich das Gebot und die Macht meines Denkens zu verstehen begann. Ich begegnete großen Herausforderungen ebenso wie tiefen Demütigungen und erkannte allmählich, wie recht mein Guru mit seiner Warnung hatte. Ich wechselte zwischen himmelhoch jauchzend und zu Tode betrübt hin und her, und in meiner Vorstellung machte ich mich selbst entweder zu einem Nichts oder blähte mich zu absurder Größe auf. Doch in den schlimmsten wie in den besten Zeiten blieb das stille Gewahrsein, *seiner selbst bewusst*, mein Seinsgrund. In allem gegenwärtig, regungslos und strahlend.

»Meine« Entdeckungen sind natürlich nicht meine. Sie sind absolut frisch und authentisch, aber nicht neu oder einzigartig. Mein Erwachen brachte mir nicht die Rettung oder die Art von Schatz, nach der ich gesucht hatte. Es verlieh mir weder Zauberkräfte, noch schützte es mich vor Leid. Es hob mich weder über das Dasein einer gewöhnlichen Sterblichen hinaus, noch erlöste es mich von meinen genetischen Anlagen als Mensch. Es offenbarte mir segensreicherweise das, was keine Rettung benötigt, um frei zu sein, und was keine magischen Kräfte oder die Befreiung vom Menschsein erfordert, um das Leben voll und ganz in Liebe und Freiheit zu erfahren.

Es war sowohl mehr als auch weniger als das, wonach ich gesucht hatte. Die Einfachheit und Tiefe des Seins kann durch das Denken nur vermindert oder pathetisch überhöht werden. In der unmittelbaren Erfahrung überwältigt diese Einfachheit und Tiefe alle mentalen Bemühungen, sie in irgendeiner Richtung mit irgendetwas zu vergleichen. Es ist. Ich bin. Das ist die ganze Erkenntnis und mehr als alle Erkenntnis.

Ich habe meine Selbstfindung nie genau beschreiben können, aber gerade dieses Unvermögen ist untrennbar mit der Schönheit und Tiefgründigkeit der Erfahrung verbunden. Sie kann nicht in Worten eingefangen und aufbewahrt werden. Sie ist frei, lebendig und unabweisbar geblieben, auch wenn ich in meiner Glückseligkeit versucht habe, sie zu definieren oder zu beschreiben.

Friede und Seligkeit sind da, aber das wirklich Entscheidende an dieser Entdeckung ist die reine *Lebendigkeit*. Denn mir ist, in einem ganz realen Sinn, nichts *widerfahren*; vielmehr habe ich entdeckt, wer ich bin. Das ist zugleich der Hintergrund, der Vordergrund und die Mitte. Es ist reines Leben, das fortdauert, egal, ob etwas geboren wird oder stirbt.

Es erkennt sich selbst, weil es seinem Wesen nach Bewusstsein ist. Es findet sich selbst in allen Formen wie auch in der Formlosigkeit. Es ist das Ganze und zugleich in allen Aspekten dieser Ganzheit zu finden. Und doch ist es zugleich mehr und weniger als alle diese Beschreibungen. Es ist jetzt dasselbe wie anfangs, als ich meinen Namen noch nicht kannte und es sich als »Ich bin« ankündigte. Welche Ereignisse und Veränderungen in dieser Form auch stattgefunden haben, nichts davon hat die lebendige Präsenz meiner selbst berührt. Der Körper ist gealtert und wird weiter altern; Erlebnisse vertiefen die Lebenserfahrungen; Expansion und Kontraktion setzen ein und enden wieder; Emotionen und Gelassenheit fließen wie Yin und Yang ineinander, um sich wieder voneinander zu lösen.

Auf ganz elementare Weise war es der Denkvorgang, der zum Halten kommen musste, um zu erkennen, dass das »Ich bin« allen meinen Gedanken oder Namen vorausgeht. Das mag rein theoretisch als offensichtlich und daher belanglos erscheinen, aber tatsächlich war diese Entdeckung – wegen unserer Verhaftung im Denken und unserem Glauben an die Realität von Gedanken – eine ungeheure Offenbarung. Ob die Erkenntnis, reines Bewusstsein zu sein, als Funktion des Gehirns gesehen wird oder als Beweis für eine höhere Intelligenz, interessiert mich nicht. Mir geht es nur um die Entdeckung und die Auswirkungen, die sie seitdem auf mein Leben hat. Die Wahrheit meiner Lebenserfahrung bleibt in jeder Hinsicht unberührt von der »Gültigkeit« dieser Erfahrung, ob unter wissenschaftlichen, spirituellen oder religiösen Gesichtspunkten. Ebenso wenig habe ich ein Problem damit, wie irgendjemand anders sie definiert oder diagnostiziert.

Erfüllung stellt sich auf Dauer nur ein, wenn der unaufhörliche Reichtum des überfließenden eigenen Wesenskerns entdeckt wird – das *stille, wache Gewahrsein*. Wir kennen alle die Freude, etwas errungen zu haben, und den Kummer beim Verlust dessen, was wir erreicht hatten. Jetzt sind wir eingeladen, den Schatz zu heben, der nicht errungen werden kann, weil er bereits da ist. Es ist der gleiche Schatz wie jener, der sich offenbart, wenn wir bewusst alles verlieren. Wenn wir – zumindest einen Augenblick lang – aufhören, irgendeinen Gedanken an unsere Welt und uns selbst lebendig zu erhalten. Was bleibt, ist nichts, was dem Gesetz der Veränderung unterworfen wäre. Das stille Gewahrsein nimmt Veränderungen bewusst wahr, ist sogar untrennbar von Veränderungen, und doch ist es unveränderlich.

Immerhin wissen wir, wie es der Familie aus unserer Lehrgeschichte nach ihrer Entdeckung zunächst erging, und du weißt jetzt auch eine ganze Menge von meiner Entdeckung, aber wie steht es mit dir selbst? Hast du im Lauf der Zeit, vielleicht auch urplötzlich, eine bedeutsame, lebensverändernde Entdeckung gemacht? Kannst du, wenn du einmal von deiner Geschichte abrückst, die Wahrheit darüber sagen, wie diese Geschichte namens »Ich« (die mit dem Namen verknüpft ist, auf den du gerade hörst) weitergehen muss, um zu einer Lösung zu kommen?

Ob du betest oder nicht, das Verlangen oder Sehnen nach einer Lösung kann als eine Art Gebet betrachtet werden. Wonach sehnst du dich? Kannst du deinen Geist so weit öffnen, dass das Sehnen selbst, unabhängig von dem, womit es verbunden sein mag, deine Aufmerksamkeit auf Möglichkeiten lenkt, die zur Entdeckung und zur Lösung führen?

Weiterführende Fragen

1. Bist du bereit, nicht länger außerhalb von dir selbst nach diesem Augenblick der Entdeckung zu suchen?
2. Was gibt es in deinem innersten Wesenskern zu entdecken, wenn keine Geschichte von unerfüllten Wünschen daran geknüpft ist?

3. Bist du bereit, innezuhalten und mehrmals täglich zu prüfen, ob dies in deinem Wesenkern präsent ist, bis du *zweifelsfrei* weißt, dass es immer da ist?
4. Bist du bereit, dich nicht länger von Geschichten, Namen oder der Vergangenheit fesseln zu lassen?
5. Bist du bereit, dich dir selbst nackt zu zeigen?

TEIL III

12

Ende offen

Ebenso wie alle Geschichten enden, endet auch alles Leben; und in einem Leben – oder sogar nur an einem Tag – enden Emotionen, Gedanken und Sinneswahrnehmungen. Alles, was einen Anfang hat, hat auch ein Ende. Das ist eine offenkundige Tatsache, aber gerade wegen ihrer Unbestreitbarkeit wird sie gerne übersehen, verdrängt und angegriffen. Einzusehen, dass es ein Ende gibt, und seinen Frieden damit zu machen, ist ein Zeichen von höchst seltener Reife. Die notwendige Einsicht in die Unvermeidlichkeit des Endes bereitet den Geist dafür vor, sich der Erkenntnis der Unendlichkeit zu öffnen. Nicht der Unendlichkeit von Dingen, Körpern oder gar einem Universum, sondern der Unendlichkeit reinen Nichtseins, grenzenlosen Raums.

Unsere Lehrgeschichte endet mit dem Beginn des wiederhergestellten Wohlstands der Familie. Auch deren Geschichte wird eines Tages zu Ende gehen, selbst wenn das Ende noch mehrere Generationen weit entfernt ist. Meine Geschichte und deine Geschichte haben schon viele Enden überdauert und werden hoffentlich noch viele weitere überstehen, ehe das endgültige Ende eintritt, das wir *Tod* nennen.

Es ist die Gewissheit eines Endes, selbst wenn es verdrängt wird, die unseren individuellen und universellen

Geschichten ihre Unmittelbarkeit und Schärfe verleiht. Manches Ende ist abrupt und lässt alles, was vorher war, sinnlos und wertlos erscheinen. Wenn ein junges Leben unerklärlicherweise endet, sind wir fassungslos. Andere Enden sind natürlich und würdevoll, sie lösen alles auf, was vorher war, und bereiten ganz von selbst den Weg für den nächsten Lebenszyklus der Erfahrungen. Der Anblick von alten Eltern oder Großeltern im Verein mit dem neuesten Familienzuwachs weckt ein Gefühl von der Richtigkeit der Dinge.

Wenn wir mit sentimentalen Gefühlen an der Kostbarkeit unserer Geschichte hängen, legen wir infantiles Verhalten an den Tag, sobald unweigerlich das Ende naht. Wir wüten, schluchzen oder kriechen in irgendeine Art von Pseudokokon, indem wir Zuflucht zu Drogen, Alkohol, abstumpfenden Aktivitäten usw. nehmen. Wenn wir einen klaren Blick dafür haben, dass alles ein Ende hat, können wir in unseren Geschichten unsere jeweiligen Liebesaffären mit dem Leben gespiegelt finden. Durchaus nicht immer glatt und leicht und manchmal geradezu tragisch, aber allemal lohnend.

Zu Beginn meiner Pubertät waren Geschichten für mich die Luft zum Leben, und ich verschmolz mit einer Geschichte, die den Titel trug »*Ich*, Toni Roberson«, ebenso wie alle anderen in meiner Umgebung in ihren jeweiligen Geschichten aufgingen. Ich entwickelte meine verschiedenen Ich-Versionen, wobei ich mich daran hielt, wie andere Geschichten Gestalt annahmen. Ich sah mir Filmstars und die Rollen, die sie spielten, genau an. Ich beobachtete Erwachsene und ältere Kinder in unserer kleinen Stadt und hörte zu, wenn sie sich unterhielten. Die Kinder in unserer Nachbarschaft und ich führten Samstags manchmal ein Stück auf, in dem wir verschiedene Charaktere spielten. (Meine denkwürdigste Rolle war die Salome im Tanz mit den sieben Schleiern.) Ich verschlang sowohl billige Romane als auch gute Literatur, während ich meinen Ich-Charakter zusammenstückelte. So machen wir es alle, jeder auf seine Weise. Es braucht Zeit, Nachahmungswillen und Experimentierfreude wie auch entsprechende genetische Anlagen, um einen kohärenten, vielschichtigen Charakter zu entwickeln.

Als junges Mädchen begann ich, etwas gegen meine eingebildete Hässlichkeit zu tun. Ich abonnierte die Zeitschrift *Seventeen* und las eifrig jeden Abend darin. Ich lernte, Make-up aufzulegen, und trug BHs und Hüfthalter, als ich erst in der siebten Klasse war. Dann lernte ich, andere Menschen anzulächeln und mich mit ihnen anzufreunden. Solange ich positives Feedback bekam, fühlte ich mich weniger einsam und hässlich, auch wenn es harte Arbeit war. Jeden Abend Lockenwickler ins Haar zu drehen, mich um meine pubertäre Akne zu kümmern und daran zu denken, das Geheimnis von der Alkoholsucht meiner Familie für mich zu behalten, erforderte meine höchste Wachsamkeit. Aber nach einiger Zeit hatte ich gute Freundinnen, die sich für die gleichen Schönheitsmaßnahmen zur Steigerung ihrer Beliebtheit interessierten, und wir hatten unseren Spaß miteinander.

Die Zeitabschnitte, in denen ich mich von meinem vollkommenen Mangel an Selbstachtung erholen konnte, gingen immer zu Ende. Doch ich in meiner Unreife dachte meistens, meine letzte Strategie, mit dem Leben zurechtzukommen, würde Bestand haben. Wenn meine pubertären Methoden nichts mehr nützten, beförderte mich der Schock darüber in eine völlig neue Reifephase. Auch meine späteren Versuche, das Leben zu meistern – die sich immer darum drehten, mit meiner Hässlichkeit und Einsamkeit fertig zu werden –, nahmen allesamt ein Ende, und jedes Mal war es ein Schock. Jeder Schock war damals unerwünscht, gleichwohl trug er dazu bei, die Struktur meines Ich zu schwächen. Jeder trug dazu bei, mir zu zeigen, dass das *Leben* dazu in der Lage war, meine jeweils letzte Ich-Version nüchtern und schonungslos auseinanderzunehmen.

Als ich merkte, dass ich der Kraft des Lebens und einer ungewissen Zukunft relativ machtlos ausgeliefert war, empfand ich das als Demütigung. Diese Demütigung war zuerst erniedrigend und einfach Teil meiner traurigen Geschichte. Ein Teil, an dem ich »arbeiten« musste. Als ich mich nicht länger gegen die Demütigung wehrte, verhalf sie mir zu einer wunderbaren Öffnung. Es war der Anfang einer Selbstaufgabe. Mir wurde bewusst, dass ich bestimmte Aspekte der Ereignisse und Unbilden aus dem Leben herausgegriffen hatte, um damit meine persönliche Leidensgeschichte zu nähren. Nach und nach gestand ich mir ein, dass zumindest einiges von diesem Leid überflüssig war. Ich begann die Vernünftigkeit meiner Gedanken über mich selbst, an der ich zuvor nie gezweifelt hatte, infrage zu stellen.

Ich erinnere mich noch daran, wie mir in einem bestimmten Augenblick, während ich gerade mein Elend beweinte (damals war ich in den Dreißigern), klar wurde, dass ich auf seltsame, unbefriedigende Weise ein gewisses Vergnügen an meinem emotionalen Leid hatte. In dem Augenblick beschloss ich, meinen unterschwelligen Masochismus genauer unter die Lupe zu nehmen. Nach dieser schockierenden Einsicht begann ich, tief über meine Lebensgeschichte nachzusinnen. Schließlich entdeckte ich den roten Faden, der sich durch meine tragische Geschichte zog.

Als ich meine Zeit im Preventorium durchging, war mir klar, dass meine Eltern mich in die Opferrolle gedrängt hatten. Das war schmerzlich gewesen und mit keinerlei Lustgewinn verbunden. Doch dann wurde ich durch eine Engelsvision gerettet und erlebte Gefühle höchsten Glücks und tiefer Befriedigung. Diese eindrucksvolle Leidenszeit, aus der ich wie durch ein Wunder gerettet wurde, wurde zur Vorlage für das sich zwar ständig wandelnde, aber dennoch fortbestehende Leitmotiv meiner persönlichen Geschichte. Die Befriedigung, die mir meine erste Rettung gewährte, dauerte bis zu meinen Pubertätsjahren und zur Tyrannei der Hormone. Ich empfand mich nicht als Opfer meiner Hormone – wahrscheinlich hatte ich das Wort *Hormone* noch nie gehört –, sondern fühlte mich durch die Schrecklichkeit meines Körpers und die entsetzliche Verwandlung meiner einst flaumigen Körperbehaarung, die dicht und dunkel geworden war, verraten und verkauft.

Ich empfand mich als hässlich und glaubte, dieses Gefühl entspräche der Wahrheit über mich selbst. Ich schaute in den Spiegel und sah Hässlichkeit, und ich schaute in mein Inneres – so gut ich konnte – und sah die gleiche unbarmherzige Hässlichkeit. Ich wusste zwar noch immer nichts von meiner heimlichen Freude an diesen Urteilen und Gefühlen, aber es war doch so etwas wie ein perverses, leicht prickelndes Gefühl von Märtyrertum da. In dem Gefühl, zu Recht Unrecht erlitten zu haben, ist schon die heimliche Freude des Masochismus begründet.

Errettung aus dem Elend war der Endpunkt im Drama meines Elends. In meinem Theater war grundloser Frieden unbekannt. Frieden folgte immer auf Krieg irgendwelcher Art, er war sozusagen dessen Ergebnis. Ein Verrat oder etwas von der Art musste also zur Erlösung führen. Ich ging so in der Theatralik auf, dass ich zu Anfang gar nicht bewusst wahrnahm, welche Rolle ich da spielte. Obwohl am Ende einer Periode der Entspannung oder Belohnung stets eine böse Überraschung auf mich wartete, musste es meiner inneren Inszenierung zufolge so und nicht anders sein. Wie sollte mich der Prinz wachküssen und vom Fluch der bösen Fee erlösen, wenn gar keine böse Fee da war?

Mein Drama ging an diesem Punkt nicht zu Ende, aber die Erkenntnis meines bereitwilligen Mitwirkens an meiner eigenen emotionalen Qual bedeutete den Todesstoß für meine Entscheidung, mich weiterhin als Opfer zu betrachten. Es zeigte sich immer mehr, wie viel Freude ich an dem Theater hatte, aber ich war auch immer mehr geneigt, aufzudecken, wie ich das Drama aus reiner Gewohnheit immer wieder neu inszenierte. Indem ich anfing, die Wahrheit zu sagen, wurde mir klar, dass ich mit spezifischen, schmerzhaften Bildern den letzten Punkt des Verrats ständig von Neuem durchspielen musste. Ich musste mein Leid sozusagen wiederbeleben, was mir echte körperliche Schmerzen bereitete: Es war wie ein Messerstich ins Herz oder in den Bauch. Und ich tat es – das sah ich jetzt – aus einem morbiden Verlangen nach Schmerz heraus.

Es war leicht, jemandem die Rolle der bösen Fee zuzuschieben. Das wechselvolle Leben hielt viele Malträtierer für meine Opferrolle bereit. Und der Prinz mit seinem magischen Kuss? Nun, das war immer die spannende Belohnung für meine Qual. Aber als ich schließlich merkte, dass ich mich an meinem eigenen Schmerz berauschte, verlor meine Gewohnheit etwas von ihrem versteckten Reiz. Ich war – und bin – mitunter todunglücklich, aber meine innere Theatralik, die mir ganz besonders tragisch erschienen war, erwies sich als banal und wenig originell. Diese Erkenntnis war beschämend und ernüchternd.

Einige Jahre nach dieser Einsicht entdeckte ich, dass meine Identität als *jemand* daran geknüpft war, dauernd mein altes Trauerspiel wieder aufzuführen. Diese Entdeckung öffnete mir die Augen dafür, dass mein besonderer Leidensstil im Grunde unpersönlich war, ein Automatismus. Doch selbst danach dauerte es noch, bis ich Papaji begegnete, um auch nur die Möglichkeit in Betracht zu ziehen, dass die ganze Geschichte ein Ende haben könnte. Nur durch die Begegnung mit Papaji und die Befolgung seiner Anweisungen kam ich zu der Erkenntnis, dass ich versucht hatte, die Illusion eines Ich – durch jahrelanges Rollenspiel entstanden – Wirklichkeit werden zu lassen.

Ich hatte angenommen, dass meine Geschichte besser würde, wenn ich genügend daran feilte und die richtigen Entscheidungen traf. Doch wie sehr sich meine Geschichte auch verbesserte – und sie wurde tatsächlich richtig gut –, arbeitete ich doch immer weiter daran. Ich hatte entdeckt, dass ich selbst die Ursache meiner Lust am Leiden war, und jetzt betrachtete ich mich selbst als Ursache meines Glücks. Das führte zwar zu viel besseren Ergebnissen, bedeutete aber auch endlose Arbeit. Und es war nie genug. Es gab nach wie vor nie genug Liebe oder Liebesbeweise, nie genug Bestätigung, nie genug Gesundheit, nie genug Jugend. Stets ging es nur um *mich* in der jeweils letzten Ausgabe meiner »guten Geschichte«, die jederzeit wieder einen schlimmen Verlauf nehmen konnte, wie ich im tiefsten Innern befürchtete.

Als ich Ende zwanzig war, konnte ich es nicht fassen, dass ich mich nicht in die Schablone der perfekten Ehefrau und Mutter einzupassen vermochte, nachdem die Neuheit dieser Rollen abgeklungen war. In meinen Dreißigern schockte es mich, dass mir der freizügige Lebensstil der 1970er Jahre nicht die ersehnte Freiheit brachte. Später war ich erschüttert, dass meine meditativen Erfahrungen der Weite und des Friedens, zu denen sich tiefe Einsichten gesellten, nicht lange vorhielten. Ich fand es bestürzend, dass alles, was ich tat, wie wundervoll und inspirierend es auch zu seiner Zeit sein mochte, dazu bestimmt war, sich wieder zu verflüchtigen. Und wenn ich über den engen Kreis meines eigenen Lebens hinausschaute, sah ich das Gleiche.

Jugend altert, Talente schwinden, Möglichkeiten enden. Ganze Zivilisationen, die ich nur ihren fremdartigen Namen nach kannte, waren aufgeblüht und wieder zerfallen: Die Phönizier, die Skythen, die Inkas – alle weg. Viele Reiche, die große Teile der ihnen bekannten Welt beherrschten, waren in Vergessenheit oder Verruf geraten. Legenden wie die Sage von König Artus oder Atlantis hatten überlebt, aber der echte Ort und das echte Volk waren vergangen. Religionen hatten längst ihre inspirierende Einfachheit verloren, Revolutionen waren als das geendet, was sie bekämpft hatten. Menschen starben in jeder Sekunde.

Am Ende musste ich mich mit der harten Wahrheit arrangieren, dass ich das Leben weder zwingen noch überreden konnte, mir das zu geben, was ich mir wünschte, geschweige denn, mir Ewigkeit zu garantieren. Ich musste langsam erwachsen werden. Alles hat ein Ende. Ich war schon in den Vierzigern, als ich endlich aufgab und das Leben so akzeptierte, wie es ist, statt meine absurden, frustrierenden Versuche fortzusetzen, es in den Griff zu bekommen. Schließlich wurde mir wahrhaft klar, dass alles, was ich je erreichte, sich zwangsläufig veränderte. Nichts blieb gleich.

Wenn sich das, was ich ersehnte – innerer Friede, Glück, Liebe, Sicherheit – unweigerlich veränderte, was dann? Ich musste wissen, was es dann noch für Möglichkeiten gab. Ich hatte von Yogis und Heiligen im Dauerzustand der Glückseligkeit gelesen, aber es fiel mir schwer, meine Situation mit der ihren zu vergleichen. Ich konnte mir nicht vorstellen, dass ich je genügend yogische Kraft aufbringen würde, um irgendeinen Zustand der Glückseligkeit länger aufrechtzuerhalten. Hieß das, dass ich deshalb zu ständig wiederkehrendem Elend verdammt war? Ich wusste nicht genau, was Erleuchtung bedeutete, aber wenn es hieß, die Wahrheit über das Leben und seine wahren Möglichkeiten in Erfahrung zu bringen, dann war es genau das, was ich wollte. Ich gab meine Vorstellungen vom Leben und auch die meisten meiner Vorstellungen über mich selbst auf und betete um wahres Verständnis. Und ich stellte mich der schwierigen Aufgabe, meine Geschichte nicht weiterzuspinnen.

Der Versuch, an einer guten oder sogar großartigen Geschichte zu arbeiten, ist so lange zum Scheitern verurteilt, wie man nicht einsieht, dass es sich *nur um eine Geschichte* handelt. An einer Illusion zu arbeiten hat keinen Einfluss auf die Wirklichkeit, aber es führt im Allgemeinen dazu, dass die Illusion realer wirkt. Wie stark der Autor oder Leser einer Geschichte auch einbezogen sein mag, ihm steht immer die Möglichkeit offen, Abstand von der Geschichte zu nehmen. Ich selbst war endlich so weit, dass ich diese Möglichkeit zumindest sehen konnte. Auch dir steht diese Möglichkeit offen.

Dass ich aufgab, bereitete mich auf die Begegnung mit meinem Lehrer vor. Als er mir empfahl, das zu suchen, »was weder kommt noch geht«, wusste ich nur, dass alles, was ich benennen konnte, kam und ging. Als er mir sagte: »Nur das Unveränderliche ist wirklich«, horchte ich auf. Als er erzählte, wie er seinem Meister Ramana Maharshi begegnete und ihn fragte, ob er ihm die gleichen Götter zeigen könne, die er (Papaji) in Visionen geschaut hatte, und Ramana Maharshi sagte: »Götter, die kommen und gehen, sind nutzlos; suche nach dem, was immer da ist«, klang etwas in mir an.

Trotzdem musste ich erst mal ins kalte Wasser springen, um meine Aufmerksamkeit von den Dingen abzuziehen, die der Veränderung unterworfen waren. Ich hatte fest daran geglaubt, dass sich eines Tages der Treibsand meiner Stimmungen und Emotionen festigen würde. Meine Gemütslage war zwar stabiler geworden, aber noch immer tauchten unliebsame Launen auf. Wenn ich es aufgab, auf Stabilität zu hoffen und hinzuarbeiten, würde ich dann nicht verlieren, was ich schon gewonnen hatte? Wenn ich nicht mehr auf eine Erfahrung oder ein inneres Ereignis wartete, das ewig unverändert blieb, würde ich dann nicht meinen Platz in der Schlange derer verlieren, die auf ein ebensolches Ereignis warteten?

Papaji pflegte über meine Sorgen zu lachen. »Du hast Angst, weil du dich noch immer als von der Wirklichkeit getrennt wahrnimmst. Du siehst dich noch immer als von dem getrennt, was du ersehnst.« Sein Lachen war liebevoll und ermutigend, aber zugleich schonungslos. Er half mir nicht, eine bessere Geschichte zu erfinden oder eine bessere Rolle in meiner Geschichte zu spielen. Er bestärkte mein Ich nicht. Vielmehr wies er immer wieder darauf hin, dass mein Ich nur in meinem eigenen und im Kopf anderer existierte, die ich in meine Illusion mit hineingezogen hatte. Auf mich wirkte seine Anweisung, innezuhalten, zuerst wie eine Aufforderung zum Sterben; in Wirklichkeit war sie das pure Leben, unbelastet von all den zusammengeflickten Fäden, die meine Identität bildeten.

Ohne genau zu wissen, wie ich mich aufgeben sollte, wagte ich den Sprung ins Unbekannte. Ich war bereit, mit dem Erzählen meiner Geschichte aufzuhören, und jetzt lade ich auch dich ein, mit dem Erzählen deiner Geschichte aufzuhören.

Wenn wir bereit dafür sind, dass unsere persönliche Geschichte zu einem Ende kommt, und sei es nur vorübergehend, entdecken wir, dass das, was übrig bleibt, für alles offen ist. Wenn die Geschichte dann dennoch weitergeht oder eine andere an ihre Stelle tritt, werden diese Geschichten als Quelle für tiefere Nachforschungen erkannt.

Papaji verweigerte sich der Rolle des Retters und riet mir, nicht länger an irgendetwas zu arbeiten, zumindest nicht für eine gewisse Zeit der Selbsterforschung. Er lenkte meine Aufmerksamkeit auf das, was vor meinem Drama und während all meiner Dramen da war, und was blieb, wenn jedes einzelne Drama zu Ende ging. Er nahm keine Rolle in meinem altbekannten, fadenscheinigen Drama an. Stattdessen ließ er den Vorhang fallen und zeigte mir, dass alles eine Farce ist. Ich hatte »mein Problem« als wiederkehrenden tragischen Alptraum erfahren, aber als ich erkannte, was es in Wahrheit war – ein Machwerk meines Denkens –, musste ich lachen.

Ich entdeckte die tröstliche, heilsame Kraft des Lachens über sich selbst. Ich sah auf einmal die Komik der Tragikomödien, die wir in unseren jeweiligen geistigen Inszenierungen durchleben. Ich lachte voller Verwunderung und Liebe über mich selbst, als mir aufging, dass meine Komödie viel lebenspraller ist als meine Tragödie.

Geschichten ändern sich und kehren in veränderter Form wieder. Die Erkenntnis des unveränderlichen, nackten Urgrunds stillen Gewahrseins wehrt Geschichten nicht ab. Sie offenbart einfach und tiefgreifend, dass keine Geschichte dieses stille Gewahrsein stören kann. Papaji nannte die Fortsetzung der Geschichte eines bestimmten Lebens *Parabda Karma*, fortwirkendes Karma. Entscheidungen haben weiterhin Folgen, Ursache und Wirkung sind weiterhin gegeben, und Handlungen können weiterhin richtig oder falsch sein. Doch stilles Gewahrsein ist –

wie sich auf immer wieder neue und erstaunliche Weise zeigt – der innerste Kern aller alten und neuen Versionen dessen, was in Erscheinung tritt. Zwar ruft unsere Geschichte mitunter extreme Emotionen hervor, aber sie kann nicht verdecken, was im Frieden bleibt.

2005 merkte ich, dass mein Mann eine andere Frau liebte und schon drei Jahre eine Affäre mit ihr hatte. Dass sie darüber hinaus seine Reisebegleiterin und Schülerin war, machte die Sache noch komplizierter und den Schock größer. Wut, Ungläubigkeit und tiefes Verletztsein überfluteten meinen emotionalen Körper. Es war eine Geschichte der Treulosigkeit, die mich völlig unerwartet traf und in jeder Hinsicht erschütterte. Ich trug zu der Geschichte noch bei, indem ich meinem Ärger freien Lauf ließ und mich in meinem Schmerz suhlte. Ich schrie meinen Mann an und warf Gegenstände nach ihm. Ich wollte ihn nie wiedersehen und empfand Hass. Die Kraft der Desillusionierung zwang mich in die Knie. Trotzdem war die Liebe nie abwesend. Immer war im tiefsten Innern die Stille.

Mithilfe der einfachen, tiefgreifenden Erkenntnis der allgegenwärtigen Stille brauchte ich die alten Fetzen meiner Opferrolle nicht wieder auszugraben. Ich musste die Tragödie nicht ständig im Geiste wieder durchspielen und mich selbst damit quälen. Ich konnte fühlen, was immer an Gefühlen in mir aufstieg, und mich sowohl mit all diesen Gefühlen verbunden als auch frei davon erkennen. Ich konnte nackt wie die Stille selbst dastehen, während die Webmuster der alten Geschichten von Verrat und Verlust auftauchten und wieder verschwanden. In innerer Nacktheit vermochte ich dieser Geschichte zu begegnen.

Uns wurde klar, dass unsere Geschichte als Paar mit all ihren Irrungen und Wirrungen jetzt ein Ende nehmen musste. Wir ließen einander ziehen. Wir zogen einen Schlussstrich unter unsere Geschichte, und obwohl es uns beiden ungeheuer wehtat, einander zu verlieren, waren wir auch wie befreit, als die Bürde des *Wir* von uns abfiel. Die Emotionen, die folgten, waren vielfältig und komplex. Tränen strömten. Ich durchlebte den Tod meiner Illusion von einer unzerstörbaren Beziehung. Das war nicht leicht, aber notwendig. So sehr ich Eli und unsere Beziehung schätzte, wusste ich doch auch, dass ich trotz des Grams über den Verlust dessen, was ich liebte, glücklich und zufrieden war.

Nach einer kurzen, aber vollständigen Trennung versöhnten wir uns wieder. Die unkontrollierbare Liebe, die uns dreißig Jahre zuvor zusammengeführt hatte, vereinigte uns erneut. Nur kamen wir nach unserer Aussöhnung zusammen, ohne einer im anderen die Erfüllung suchen zu müssen. Vor dreißig Jahren hatten wir beide nach Erfüllung gestrebt und einander entweder als notwendiges Objekt dieser Erfüllung betrachtet oder als Objekt, das diese Erfüllung blockierte. Jetzt sahen wir ein, dass der Keim unserer Untreuegeschichte schon in jener früheren Unreife und Unwissenheit angelegt war. Und wir kamen überein, unsere jeweiligen Rollen in diesem Drama aufzulösen.

Die Geschichte unserer raffinierten, heimlichen Versuche, uns voreinander zu verstecken, uns gegenseitig in eine Opferrolle drängen zu lassen und dann Rache zu üben, musste offengelegt werden. So taten wir jeden Tag einen tiefen Blick in unsere Geschichte. Wir mussten sehen, wie wir uns bekämpft hatten. Die Geschichte zeigte uns, wo

Täuschung und Dunkelheit noch Wahrheit und Licht benötigten. Wir mussten uns beide bereitfinden, die Verantwortung für unsere Rollen anzunehmen und auszuhalten. Wir mussten herausfinden, mit welchen Rationalisierungen und Rechtfertigungen wir das Scheitern unserer Beziehung kaschiert und dadurch ignoriert hatten.

Diese Zeit machte uns demütig und vertiefte unsere Herzensbindung. Sie hatte etwas zutiefst Menschliches und zugleich Transzendentes. Wir konnten den Kopf schütteln über unsere Kleinlichkeit und lachen oder weinen über unsere Dummheit, während wir immer näher zusammenrückten als traumhafte Gefährten und fehlerhafte Menschen.

Ohne diesen Schicksalsschlag in meiner Ehe hätte ich nie die Chance gehabt, so tief in die Lehrgeschichte meiner dreißig Jahre voller Liebe, Abenteuer, versteckter Bedürfnisse und Verletzungen, Wut und schließlich der Befreiung und Auflösung einzudringen. Ich fand inmitten des Verlusts eine tiefgreifendere Erlösung. In meiner Bereitwilligkeit, mich in Bezug auf das, was verloren war, an die Wahrheit zu halten, fand ich vollständiger zu dem, was noch da war.

Es macht mich nicht gerade glücklich, dass erst ein Treubruch unsere Ehe wieder zum Leben erweckte, ebenso wenig, wie mich viele der Geschichten auf dieser Erde glücklich machen. Ich bin froh, dass wir die Gelegenheit der Desillusionierung wahrnahmen, um in die Geschichte und in unsere Herzen hineinzuschauen. Wir sind beide nach wie vor mit Fehlern behaftete Menschen, und wir unterhalten eine wunderbare Beziehung.

Es besteht immer die Möglichkeit, dass mich in meiner Lebensgeschichte wieder unvorbereitet böse wie auch angenehme Überraschungen treffen. Wir haben alle die Fähigkeit, das zu übersehen, was wir am Ende doch einsehen müssen. Mein Lehrer ermahnte mich, dass bis zum letzten Atemzug Wachsamkeit nottäte. Das kann ich aus unmittelbarer Erfahrung bestätigen.

Dieses Buch ist nicht das Ende meiner Geschichte oder deiner Geschichte, da sich die vielfältigen Geschichten, die in unserem mentalen, physischen und emotionalen Körper ihren Ausdruck finden, höchstwahrscheinlich noch einige Zeit fortsetzen werden. Es kann jedoch das Ende des Entschlusses markieren, deine Geschichte für wirklich zu halten und dich mit dieser deiner Wirklichkeit zu identifizieren. Du kannst deine Hauptrolle in der Geschichte, die du »Ich, das Opfer« betitelt hast, ebenso aufgeben wie die in der Geschichte »Ich, der Held/die Heldin«. Du kannst dich entschließen, dich von Rollen, die unnötiges Leiden mit sich bringen und aus früheren Dramen deines Lebens stammen, zu lösen. Vor allem aber kannst du dir bewusst werden, dass, egal welche Geschichte erzählt wird, es nichts als *eine Geschichte* ist. Wie du dich auch mit deiner Geschichte identifizieren magst, du hast immer die Wahl, tiefer nachzuforschen. Ohne deine Geschichte zu verleugnen oder herabzusetzen, kannst du den Urgrund erkennen, in dem sie entsteht, und diesen Urgrund als lebendige, ewige Wahrheit deiner selbst begreifen. Du kannst die Identifikation mit deiner Geschichte beenden, bevor der Tod ihr ein Ende setzt.

Das Leid, das die Identifikation mit deiner Geschichte als deiner Wahrheit heraufbeschwört, kann ein Ende nehmen. Dies erfordert keine weitere Zeit mehr. Natürlich ist es deine Geschichte, und vielleicht handelt es sich sogar um eine bedeutende Geschichte. Deine Geschichte wird erhellt von dem geheimnisvollen Bewusstsein, das sie erzeugt und begleitet, aber sie ist und bleibt eine Geschichte. Eine Geschichte hat einen Anfang, eine Mitte und ein Ende. Eine Geschichte durchläuft wie ein Körper Geburt und Tod. Wenn du tief in deine eigene oder irgendeine andere Geschichte eindringst, zeigt sich, dass alle Geschichten Lehrgeschichten sind. Die Selbsterforschung gibt den Blick frei auf das Bewusstsein, das sich in allen Formen, Versionen und Arten von Geschichten selbst erkennt. Wir müssen uns nicht von irgendeiner Geschichte tyrannisieren lassen, die im Bewusstsein erscheint, auch wenn wir bei bestimmten Aspekten dieser Geschichte vielleicht große Freude oder tiefen Schmerz empfinden.

Der Körper hat seine eigene Geschichte und Zeit, die dauert, bis er stirbt. Unter Umständen tauchen Geschichten aus der Vergangenheit in der Erinnerung, in Träumen oder Ereignissen auf. Gewohnheiten und Verhaltensweisen bleiben bestehen oder vergehen. Vielleicht werden Rollen aus der Vergangenheit reaktiviert und wiederholt. Nichts von alledem hat Auswirkungen auf deine Erkenntnis, dass du deinem Wesen nach das stille Gewahrsein bist, das innerhalb und außerhalb aller Geschichten seiner selbst bewusst ist. Eines Tages erkennst du auf einmal, dass du immer frei von deiner Geschichte warst und dass du zugleich der Impuls warst, der die Geschichte dazu brachte, ihren Autor zu entdecken.

In immer neuen Zyklen über unendlich viele Äonen hinweg, in Gewinn und Verlust, Schlafen und Wachen, Wissen und Vergessen, Sehen und Blindheit, Hören und Taub-heit, Klarheit und Benommenheit, Aufgeschlossenheit und Zynismus, in Handlung oder Nebenhandlung, als Pro-tagonisten oder Antagonisten, Helden oder Schurken, Tyrannen oder Befreier, in Normalität und Besonderheit, in Kunstreichtum und Schlichtheit, Erzählung und Wie-derholung, in jeder bekannten oder erfundenen Figur und Situation können wir Aspekte unserer selbst finden.

Zuletzt können wir endlich voll und ganz unser wahres Selbst als das stille bewusste Gewahrsein erkennen, in dem alle Figuren und Situationen in Erscheinung treten.

13

Stilles Gewahrsein

Vor allen, über allen, unter allen und inmitten aller Geschichten herrscht Stille. Weit, grenzenlos und in ihrer Existenz geheimnisvoll, ist sie immer gegenwärtig. Wir fürchten die vollkommene Stille, denn sie repräsentiert den Zustand des Todes, und doch sehnen wir uns nach ihr zu unserer nächtlichen Erneuerung. Sie ist unsichtbar und doch real und unzerstörbar. Sie kann unbeachtet bleiben oder vom Lärm innerer und äußerer Bilder und Gedanken überlagert werden, aber sie ist da, auch dann noch, wenn alles andere gekommen und vergangen ist.

Sie kann nicht erlernt werden, denn sie ist das Feld, in dem alles Wissen entsteht und vergeht. Das stille Gewahrsein lässt sich nicht erwerben, aber jeder kann erkennen, dass dieses Bewusstsein in der Tiefe still *ist*, ganz gleich, wie viel Lärm und Hektik an der Oberfläche herrschen mögen.

Das stille Gewahrsein ist das unveränderliche Subjekt. Alle Objekte treten in ihm in Erscheinung und verschwinden wieder in ihm. Grobstoffliche und feinstoffliche Formen aller Art, alle Gemützustände, alles, was wir Wirklichkeit nennen, erscheint im stillen Gewahrsein. Die Dinge kommen und gehen, aber das stille Gewahrsein bleibt.

Bewusstsein ist grundsätzlich nicht zu definieren, obgleich mit diesem Wort im üblichen Sprachgebrauch auch bestimmte Bewusstseins-*Zustände* definiert werden – transzendentes Bewusstsein, Alltagsbewusstsein, Unterbewusstsein. In seiner Stille und Bewusstheit braucht das Gewahrsein keinen Namen und keine noch so subtile Form für seine grenzenlose Existenz, und trotzdem ist kein Name und keine Form von ihm zu trennen.

Die Entdeckung, dass das stille Gewahrsein die unveränderliche Gegenwart der eigenen wahren Identität ist, ist von ungeheurer Tragweite. All die Arten und Weisen, auf die wir uns selbst definiert haben, fallen im weit offenen Augenblick der Erkenntnis dieser unveränderlichen, formlosen, stillen Präsenz von uns ab. Eine ungemein tiefe Freude erfüllt uns vollkommen, während wir erkennen, dass *diese Präsenz* ungeachtet aller Namen und Formen, Errungenschaften und Verluste, positiven und negativen Erfahrungen immer da ist. *Das* bin ich. *Das* bist du.

Es ist über Jahrhunderte immer wieder behauptet worden, dass die Essenz dessen, was wir einsehen, wenn wir die Wahrheit erkennen, nicht in Worte gefasst werden kann. Und doch, als Menschen mit der außergewöhnlichen Fähigkeit der Sprache müssen wir reden. Und wenn wir dazu nicht in der Lage sind, wenn wir es zwar immer wieder versuchen, die Sprache aber nicht ausreicht, ist es immerhin ein gesegnetes Scheitern. Wenn es uns nicht gelingt, die Werkzeuge unseres hochentwickelten Intellekts zu benutzen, um die Quelle ebendieses Intellekts zu erfassen, ist das ein segensreiches Unvermögen, das uns demütig macht.

Wenn mithilfe der Sprache versucht wird, Stille zu übermitteln, reichen Worte niemals aus und sind Begriffe nie
genug. Ein begriffliches Verständnis dessen, was gesagt
wird, kann nie genügen. Es genügt jedoch, sich zu öffnen
und das Zentrum unseres Gehirns, in dem die Denkprozesse in Gang gesetzt werden, empfänglich zu machen.
Was sich dann auf ganz natürliche Weise offenbart, ist die
Grundlage aller Denkvorgänge.

Das »Ich«, das wir alle benutzen, um auf uns selbst zu
verweisen, ist die Wurzel. Der Urgrund, ohne den es keine
Wurzel gäbe, ist das stille Gewahrsein. Dieser Urgrund, der
alles hervorbringt und nach dessen Tod wieder aufnimmt,
ist unumstößlich untrennbar von allem und zugleich, so
paradox es klingt, frei von allem. Er ist die Mutter aller
Buddhas und zugleich aller Judasse. Er ist die Vergebung
aller Sünden, das Willkommen daheim. In bewusster be-
seelter Individualität und gleichzeitig bewusster Formlosigkeit erkennt er sich selbst als ausschließlich eins und zugleich als alle.

Papaji pflegte Fragen von Suchenden, die um Anweisungen
baten, wie sie die Wahrheit verwirklichen könnten, zu
beantworten, indem er immer nur sagte: »Sei still.« Diese
schlichten Worte wirkten manchmal wie ein Donnerschlag, durch den der Suchende die verblüffende Erfahrung des stillen Geistes macht. Gelegentlich rebellierte ein
Schüler auch gegen diese Worte, da sie unangenehme Erinnerungen an die Kindheit wachriefen, in der er ermahnt
wurde, still zu sein. Oft dauerte es seine Zeit, um die Aufforderung »Sei still!« in ihrer vollen Radikalität einsinken
zu lassen. Papaji rief seine Schüler nicht dazu auf, nicht

mehr zu reden. Vielmehr wies er uns auf unser wahres Wesen hin. Er lenkte unsere Aufmerksamkeit auf das, was immer da ist, ob mit oder ohne Gedanken. Mit den Worten »Sei still!« deutete er auf das stille Gewahrsein, das wir sind. Er unterwies uns darin, zu sein, was wir sind.

Kam es zur tiefen Einsicht, brach der Betreffende meist spontan in Gelächter aus. In das Lachen mischten sich häufig Tränen der Freude. So nah war es immer gewesen! Wie Papaji immer sagte: »Näher als dein Atem, näher als dein Puls.«

Später, wenn die Gedanken wieder heranstürmten und man so etwas dachte wie: »Ich hab's. Mein Denken stand still. Du liebe Güte, das hätte ich nie für möglich gehalten!«, pflegte Papaji zu lächeln und zu sagen: »Gut, sehr gut. Und jetzt bleib still.« Wenn es dem Suchenden wirklich ernst war oder er (bzw. sie) zumindest erkannte, dass dies eine Gelegenheit war wie nie zuvor, blieb er still. Blieb still und hörte zu. Papajis Unterweisungen waren einfach und direkt. »Finde heraus, was unveränderlich ist. Entdecke, was nicht kommt und nicht geht. Hör mit dem Suchen auf. Finde heraus, wer du bist.«

Alle Fragen zum *Wie*, *Warum* und *Wann* beantwortete Papaji, indem er den Fragenden wieder zur Stille zurückführte. Er nannte die Stille den Urgrund. Einige meinten, das Ziel sei einfach, nicht mehr zu sprechen und zu denken. Doch später wird klar, dass in dem Punkt, an dem die Gedanken zum Urgrund zurückkehren dürfen, im Punkt des Stilleseins, erkannt wird, dass es die Stille selbst ist, die immer da ist. Im Denken wie im Nichtdenken bleibt die Stille erhalten, eine Stille, die überfließt von der Fülle des Seins und sich ihrer selbst bewusst ist. Ob sich Glückseligkeit einstellt oder Verzweiflung, das stille Gewahrsein bleibt der unbewegte Urgrund.

Papaji wollte nie, dass wir Kenntnisse über die Stille sammelten; er hielt keine Kurse in Selbst-Gewahrsein ab. Er ermahnte uns stets, absolut still zu sein und selbst herauszufinden, was diese Stille ist.

Oft kamen ernsthafte Sucher zu ihm, die sich schon seit Jahren in der Meditation übten und die zum Teil an langen Retreats teilgenommen hatten, auf denen stundenlang sitzend meditiert wurde. Er freute sich über ihren Besuch, blieb jedoch völlig unbeeindruckt von ihrer bisherigen Praxis. Obwohl er selbst sich oft in tiefe, gedankenleere Gegenwärtigkeit versenkte, war die Stille, auf die er verwies, nichts, was erworben oder geübt werden kann. Wie er sagte, ist die wahre Meditation *Dhyana*, was er mit »Nichtdenken« übersetzte. Nur allzu oft zementiert das Üben einfach nur die Vorstellung des Übenden von jemandem, der einer zukünftigen Erleuchtung näher kommt.

Papaji machte keinen Unterschied zwischen neuen Suchern und solchen, die schon seit Jahrzehnten auf dem Weg waren. »Sei still, finde heraus, wer du bist. Wer übt da? Wer ist neu auf dem Weg?«

Alle, die sich nicht zu sehr mit dem Selbstbild von »jemandem, der …« identifiziert hatten, konnten erleben, wie ihr Denken völlig zum Stillstand kam. Dann konnten sie ihren Durst tief an der Übertragung stillen, die er ihnen anbot, und von der Wahrheit ihrer selbst als Stille kosten, ob sie mit ihren Übungen fortfuhren oder nicht. Vor und jenseits aller Übung ist, unveränderlich inmitten aller Religionen und Glaubenssysteme, das stille Gewahrsein.

Wir haben alle die Gewohnheit, zu üben. Meist üben wir, die Person zu sein, die wir zu sein glauben oder denken, sein zu sollen. Wie viel Zeit verbringen wir an jedem x-beliebigen Tag damit, innerlich unsere Selbstdefinitionen zu wiederholen! Etwa so: »Ich bin ein hoffnungsloser Trottel« oder: »Ich bin der klügste Mensch, den ich kenne.« Nach einem schlechten Tag vielleicht: »Ich bin ein verdammter Pechvogel« oder, nach einem außergewöhnlich guten Tag: »Ich werde mein Leben lang ein Glückskind sein.« Wie viele Stunden verbringen wir damit, uns auszumalen, wie anders unsere Vergangenheit hätte sein können oder wie sich unsere Zukunft gestalten könnte! Wir halten an inneren Bilder unserer selbst fest, die wir sowohl positiv als auch negativ bewerten. Während wir uns darin üben, die zu sein, die wir zu sein glauben, sehen und hören wir im Geiste eine bestimmte Version unseres Lebens, und im Allgemeinen sind wir so an unsere Version gewöhnt, dass wir sie für die Wirklichkeit halten.

Vielleicht nennen wir unsere Zeit auf dem Meditationskissen »unsere Übung«, dabei ist diese »Übung« im besten Falle nur die Zeit, in der unser normales, alltägliches Üben *aufhört*. Zwanzig Minuten oder eine Stunde lang brauchen wir uns nicht daran zu erinnern, wer oder wie wir sein sollten; wir müssen keine Vergangenheit oder Zukunft einüben. Wir können innehalten. Wer diese Erfahrung einmal gemacht hat, will mehr davon, aber nur wenigen ist klar, dass dieses Mehr längst da ist als der Urgrund, dem all unsere Geschichten, unser *Sollen*, *Wollen* und *Können* entsprießen. Er ist jeden Augenblick da, nicht nur in der Zeit, die wir auf dem Meditationskissen verbringen. Und es gibt immer mehr davon, sofern wir bereit sind, von unseren eingeübten Gewohnheiten abzugehen und einfach still zu sein.

Diese Entdeckung bringt sofortige Erfüllung und ist ein Mysterium, das sich fortwährend entfaltet. Sie entdeckt ein Selbst, das ohne ein Selbstbild auskommt. Ein Selbst, das nicht von Gedanken über sich selbst belastet wird und nichts zur Befreiung von dieser Last benötigt. Ein Selbst, das *vor* Unwissenheit und Erleuchtung, *vor* Name, Geschlecht und Geschichte, *vor* allen Benennungen und inmitten aller Erscheinungsformen von Geschlecht und Geschichte da ist. Ein Selbst, das undefinierbar ist und das sich zugleich in der Definition aller Dinge wiederfindet. Nur das stille Gewahrsein kommt und geht nicht. Nur das stille Gewahrsein ist in allem zu finden, das kommt und geht.

Papaji war Vorstand eines Haushalts, er hatte Familie und eine Arbeit. Er musste tagsüber auch reden. Dass er Familienvater war, hatte den Vorteil, dass er die Wirklichkeit der absoluten Stille im Zusammenspiel von relativem Lärm und relativer Stille entdecken musste. Zum Glück für uns hat er diese Entdeckung gemacht.

Einen der wichtigsten Augenblicke meiner Zeit bei Papaji erlebte ich an einem Tag, an dem er uns zum Markt von Haridwar mitnahm. Auf indischen Märkten herrscht, wie auf allen Märkten der Welt, lautes Treiben. Sie sind voller Aktivität, mit allen Arten von Menschen, die schreien, singen oder die Leute anflehen, bei ihnen zu kaufen. Zu all dem Lärm und den Gerüchen kam die kräftezehrende Mittagshitze hinzu.

Frühmorgens hatten wir noch friedlich in Papajis be-

scheidenen Räumen am Fluss gesessen. Auf dem kochend-
heißen Markt sehnte ich mich nach dem Frieden dieser
Räume zurück, durch die eine kühle Brise vom Fluss zog
und in denen als einziges Geräusch das *Klack, Klack* des
Deckenventilators zu hören war. Nachdem ich mich innerlich ein bisschen beklagt hatte, blickte ich auf und begegnete seinem Blick. Und mit verblüffender Klarheit schien er
mir zu sagen: »Hier auch.« Voller Staunen und Glückseligkeit nahm ich plötzlich die Stille unter all dem Lärm wahr.
»Unter dem Lärm« ist nicht ganz richtig, aber damals kam
es mir so vor. Später wurde mir bewusst, dass egal, wie
hoch der Lärmpegel ist, auch ich da bin, und ich bin selbst
die Stille.

Ob ich Papaji zuhörte, wenn er einen Dharma-Vortrag
hielt, eine Lehrgeschichte oder etwas aus seinem früheren
Leben erzählte, ob ich mit ihm Gemüse für die Abend-
mahlzeit einkaufen ging oder mich einfach nur in seinen
Räumen aufhielt, jeder Augenblick war eine Einladung zur
Stille. Jedes Wort verwies zurück auf seinen Ursprung in
der Stille oder kündete davon.

Manchmal nahm sich Papaji die Zeit, einen Schüler
sorgsam dazu anzuleiten, einen Gedanken in den leeren,
offenen Raum zurückzuverfolgen, aus dem dieser gekommen war. Er bat den Schüler, irgendeinen Gedanken aus-
zuwählen und laut auszusprechen. Der Schüler erwiderte
vielleicht: »Ich kann meine Gedanken nicht anhalten.«
Und Papaji sagte dann: »Folge diesem Gedanken dahin zurück, wo er herkam. Zuerst fällt das ›Ich‹ weg, dann das
›meine‹, dann die ›Gedanken‹ … Was ist jetzt noch übrig?«

Im leuchtenden weiten Geist, frei von dem Gedanken,
der verschwand, wenn er zurückverfolgt wurde, statt in

zehntausend Gedanken überzugehen, wenn er weiterverfolgt wurde, malte sich dann Staunen auf dem Gesicht des Schülers ab.

Zum Schluss sagte Papaji noch: »Und jetzt sag mir, wer du bist!«

Was bei dieser Einladung zur Stille herauskommt, ist keineswegs ernst und düster. Bei Papaji gab es oft lautes Gelächter. Manchmal wurde stundenlang kein Wort gesprochen, ein andermal unterhielt man sich lebhaft. Der Gesprächsstoff war nicht festgelegt, es konnte um zutiefst spirituelle Anliegen gehen oder um das nächste Kricketspiel. Es konnte über Bahnfahrpläne, die indische Politik oder die wachsende Zahl von Suchenden, die zu ihm fanden, diskutiert werden. Welche Gespräche auch geführt wurden oder nicht geführt wurden, ob gelacht oder nur still nachgedacht wurde, immer war überströmende Liebe da.

Diese Fülle an Liebe ist der verborgene Schatz, den der stille Geist offenbart. Darüber braucht nicht geredet zu werden, und es ist selbstverständlich, ihn zu erfahren und zu teilen. Liebe wird nicht gelehrt. Sie wird entdeckt.

In der Bereitschaft, still zu sein, ist eine tiefere Hingabe an die stille, bewusste Liebe immer mit enthalten. Wenn sich die alten Gewohnheiten der Habgier und Kontrolle wieder einstellen, gestattet uns das schlichte, durch und durch wirksame »Sei still!« die immer neue Entdeckung des allgegenwärtigen stillen Gewahrseins, das die Liebe ist. Am Ende gehen wir so vollständig in die Stille ein, dass wir ohne jeden Zweifel wissen: Wir selbst sind diese *Stille-Bewusstheit-Liebe.*

Wahre, absolute Stille und wahre, absolute Liebe unterscheiden sich nicht. Das absolute stille Gewahrsein strömt über vor einfacher, erfüllter, absoluter Liebe. Dinge – Menschen, Natur, Emotionen – treten in Erscheinung oder nicht. Es besteht kein Bedürfnis nach Dingen, und dennoch werden sie willkommen geheißen.

Die Freude an dieser vollkommenen Stille hat keine Ursache und keine Grenzen. Sie ist immer da und entdeckt immer von Neuem sich selbst. Sie ist der Schatz, und sie ist uns nur verborgen, solange wir uns weigern, still zu sein und herauszufinden, wer wir sind.

Makellosigkeit und Schmutz sind gleichermaßen rein im stillen Gewahrsein. Ehrfürchtiges Staunen und die Stille des Tiefschlafs gehören gleichermaßen zum stillen Gewahrsein.

Indem es alle Paradoxe auflöst, alle Unterschiede aufhebt und alles zulässt, herrscht es unumschränkt durch Nichtstun. Im Bewusstsein erhabener und subtiler Zustände sowie unaussprechlicher Schrecken heißt es das Banale und das Tiefgründige gleichermaßen willkommen.

Es liebt die Liebe, begrüßt den Hass, während es still beobachtet, was aus seinem Wesen heraus in Erscheinung tritt. Universen in ewiger Bewegung bilden sich aus ihm, dem Bewegungslosen. Es ist Brahman, Atman, Seele, du, ich, wir, sie, alle und keiner. Es erkennt immer nur sich selbst.

In einem klaren Augenblick der Ruhe, in der Hitze des Kampfes, in der Hingabe der Liebenden, im Widerstand des *Nein*, immer erkennt das stille Gewahrsein sich selbst. Im Heiligen, im Mörder, im Mordopfer, im Angebeteten und im Geschmähten, im Gejagten und Gestellten erkennt es sich selbst.

Ob im erwachenden Ich, im Erkennen des anderen oder in der Begegnung mit dem Ende, stets bleibt das stille Gewahrsein – in welcher Richtung und auf welchem Weg auch immer – es selbst.

In allen Verdunkelungen und allen Offenbarungen, aller Unwissenheit und allem Wissen bleibt das stille Gewahrsein, das alles hervorbringt, von allem frei.

In Sphärenklängen und schrillen Dissonanzen ist das stille Gewahrsein gleichermaßen präsent. In der tiefsten Trauer und höchsten Ekstase, immer bleibt das stille Gewahrsein es selbst.

Es ist ebenso bei den Herrschenden wie bei den Geknechteten dieser Welt. Es ist der Ozean mit all seinen Wogen und der Strand, es ist da, wo Meer und Strand sich begegnen.

In jedem Augenblick, in allen Zuständen, in allen Formen des Bewussten, des Unbewussten, des Unterbewussten und des Überbewussten ist das stille Gewahrsein regungslos präsent.

Es ist im Anziehenden wie im Abstoßenden, im Suchen wie im Vergessen, in allen Unterscheidungen ebenso wie in allen Gleichsetzungen. Im Bekannten wie im Unbekannten, im Ausgesprochenen wie im Unaussprechlichen, im ewig Verwirklichten und ewig Unfassbaren.

Es ist unermesslich und doch das Kleinste vom Kleinen, es ist unbegrenzt auch in der Grenzenlosigkeit. Immer erkennt es nur sich selbst, stets von Neuem und doch seit ewigen Zeiten.

Es durchdringt und sieht das Beste und das Schlimmste, kommt in der Kunst und im Kunstlosen zum Ausdruck und ist in allem enthalten.

Erkenne dich selbst darin. Sprich es aus, wenn du kannst. Stoße an Grenzen, wenn möglich. Erstatte dir Bericht über alles, was zu ihm gehört: über seine Ergründung als dein eigenes Selbst.

Dank

Ewigen Dank schulde ich allen, die dieses Buch gelesen und Vorschläge zu seiner Verbesserung gemacht haben, besonders Eli, Roslyn und Bruce Moore, Harriet Brittain, Barbara Denempont und Manju Lyn Bazzell.

Dank gebührt auch Ed und Deb Shapiro für ihre herzliche, umfassende Unterstützung. Sie machten mich mit dem Literaturagenten David Nelson von Waterside Productions bekannt, dem Ersten, der mich mit Nachdruck dazu ermutigte, dieses Buch zu schreiben, und der mir seitdem immer dabei zur Seite stand.

Das Praxisprogramm

Übungs-CD, 46 Minuten
ISBN 978-3-442-33957-0

Die "Dämonen", das Böse, das wir im Außen erkennen, sind im Grunde
unsere eigenen verdrängten Anteile, die wir durch Akzeptanz erlösen
müssen, um frei zu werden. Die Methode, „die Dämonen zu füttern",
hilft uns, in liebevoller Achtsamkeit aufzulösen, was uns quält.
Tsültrim Allione stellt in diesem Audio-Programm ihre äußerst wirkungs-
volle Methode vor und führt Schritt für Schritt durch die Übung.

arkana
AUDIO

Jack Kornfield
Spirituelle Erfahrung und
Meditationspraxis

368 Seiten
ISBN 978-3-442-21916-2

2 CDs
ISBN 978-3-442-33952-5